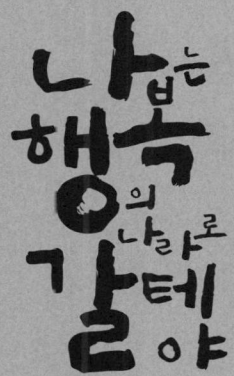

나의 삶, 사랑, 음악 이야기
한대수 지음

아침이슬

나의 생명의 물이 괸 과거와 현재의 두 아내 명신과 옥사나에게 이 책을 바친다.
날마다 그들을 위해 기도하리라.

"사랑은 모든 것을 덮어주고, 모든 것을 믿고, 모든 것을 바라고, 모든 것을 견뎌냅니다."
(고리도전서 13:7)

한대수 앤솔로지

나는 숨쉬기를 즐긴다. 숨을 쉬는 것은 인생을 음미하는 것이다. 나는 벌써 몇몇 친구를 잃었다. 병으로, 알코올로, 실연의 상처로. 내가 살아 있다는 사실에 감사한다. 인생은 부서지기 쉬운 것이므로.

t h o l o g y

사람은 미니멀리스트로 살 수 있다. 간단하게 먹고 최소한의 공간만 있으면 된다. 나는 아주 간소하게 산다.

나는 지금도 히피라고 생각한다. 히피정신은 사랑과 평화이다. 공유이다. 한국은 사랑과 평화의 시기를 거치지 않고 컴퓨터 세상으로 넘어왔다. 우리에게도 히피문화가 있었다면 사람들이 좀더 개방적으로 바뀌었을 것이다.

산업혁명은
인류에게 재앙을 안겨주었다.
그로 인해 사회는 불안정해지고,
삶에서 만족을 얻기 어려워지고,
인간이 천대받고,
마음의 병이 널리 퍼지고,
자연은 심각하게
파괴되었다.
-유나바머 선언

The industrial revolution and its consequences

Have been a disaster for the human race...

They have destabilized society,

Have made life unfulfilling,

Have subjected human beings to indignities,

We led to widespread psychological suffering...

And have inflicted severe damage

To the natural world

-unabomber manifesto

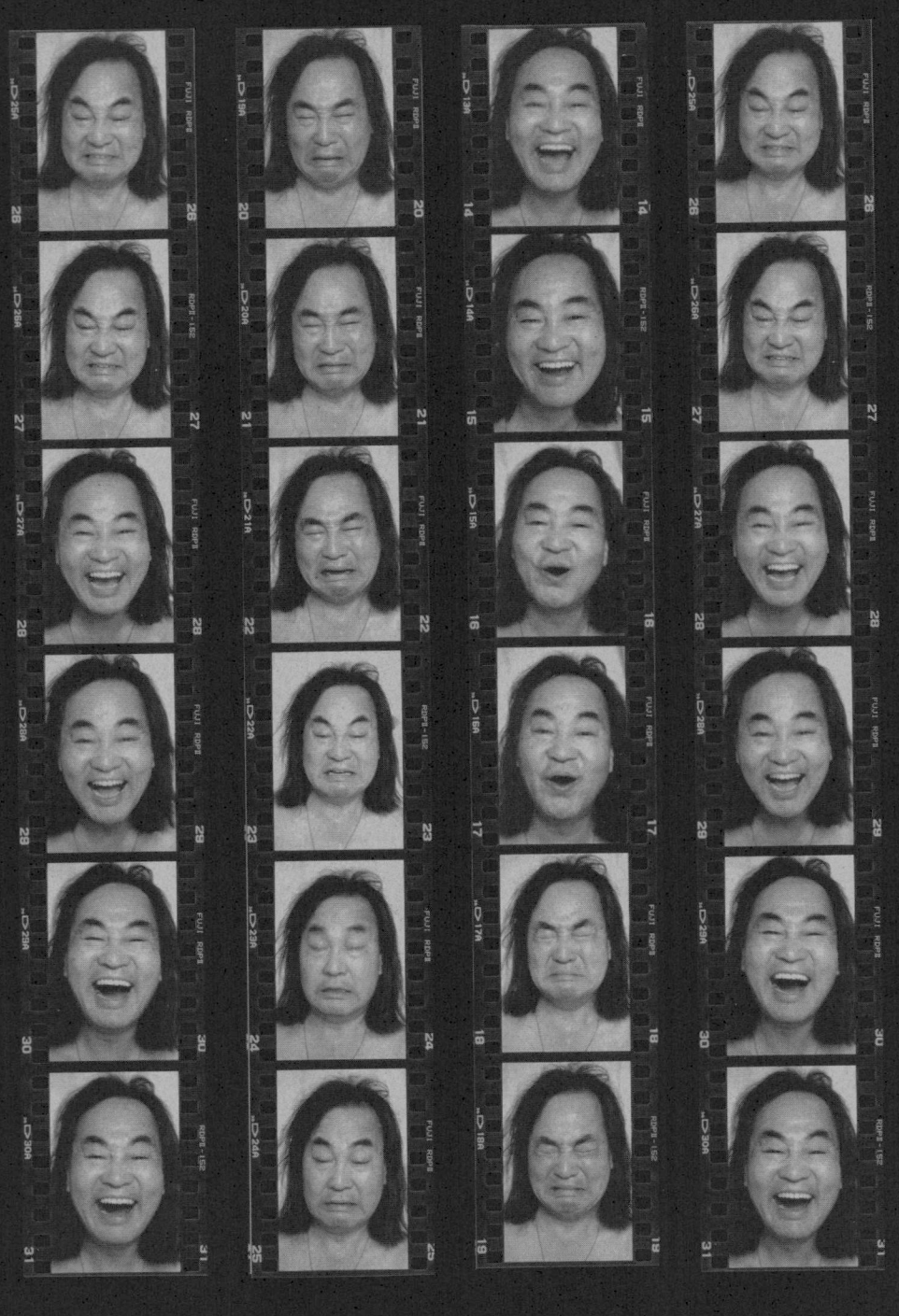

나는 늙는 것도, 죽는 것도 두렵지 않다. 우리는 울면서 세상에 나왔고, 울면서 세상을 떠날 것이다.
나는 우스꽝스런 나 자신의 비극을 두고 실컷 웃을 수 있기를 바랄 뿐이다.

음악을 직접 만들어야 아티스트일 수 있다.
목소리 하나로도 감명을 줄 순 있지만, 자기 세계를 노래하는 건 아니다.
뮤지션은 그날 기분에 따라서 이 노래 저 노래 하는 사람이 아니다.

Lack of communication
Creates suspicion;
Leading to tragedy

대화가 없으면
의심이 생겨난다
이것이 비극을 낳는다

There are two gates to hell;
One for the super rich
One for the super poor
지옥으로 가는 문은 두 개다
부자가 가는 문과
가난뱅이가 가는 문

자연주의
하나, 자연에 복종할 것
둘, 테크놀로지를 최소화할 것
셋, 자기 교육을 최대화할 것
넷, 결혼하지 말 것/이혼하지 말 것
다섯, 별을 바라볼 것
여섯, 집에서 죽을 것

Naturalism
I Obey nature
II Minimize technology
III Maximize self-education
IV No marriage/no divorce
V Look at the stars
VI Die at home

인생은 신기루 Life's a mirage

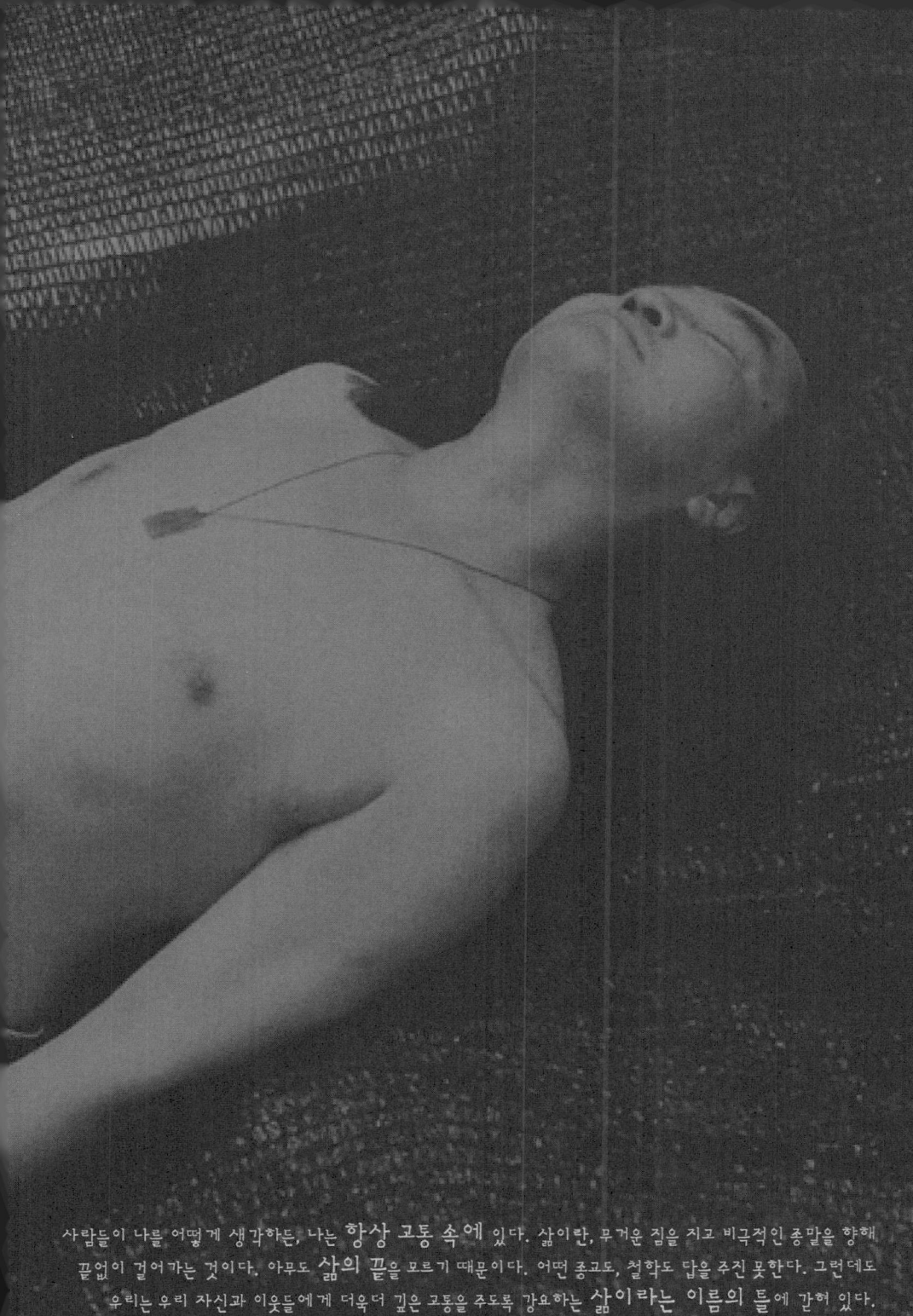

사람들이 나를 어떻게 생각하든, 나는 항상 고통 속에 있다. 삶이란, 무거운 짐을 지고 비극적인 종말을 향해 끝없이 걸어가는 것이다. 아무도 삶의 끝을 모르기 때문이다. 어떤 종교도, 철학도 답을 주진 못한다. 그런데도 우리는 우리 자신과 이웃들에게 더욱더 깊은 고통을 주도록 강요하는 삶이라는 이름의 틀에 갇혀 있다. 삶이란 진실로 아이러니이고, 나 자신 또한 아이러니이다. 나는 몹시 외롭다.

| 차례 |

그 꿈같은 방 가운데 놓여 있던 행복 · 18
도사였고 거인이었고 귀여운 폭군이었던 남자 · 20
머리말 · 22

1부 불행한 출발

대저택의 외로운 소년 · 27
17년 만에 나타난 아버지 · 33
처음 노래를 쓰다 · 39
도중하차한 수의사의 길 · 45
평화와 사랑의 물결에 몸을 맡기고 · 49

2부 겨울공화국의 히피

1968년 봄, 서울 · 63
조국에서 노래할 수 있다 · 67
'최초의 히피, 한국에 등장하다' · 73
드라마센터 콘서트 · 79
독재 치하의 아방가르드들 · 86
명신 · 92
지워버리고 싶은 군대 시절 · 99
오랜 진통 끝에 나온 첫 앨범 · 104

3부 두 사람의 아내

뉴욕의 결혼 생활 · 113
삼총사 · 123
그녀가 떠난 자리 · 129
모두 잊고 새로 시작하고 싶어 · 139
천사들의 담화 · 146

몽고의 공주 · 153
모스크바 땅을 밟다 · 163
돌아온 명신 · 172

4부 뒤늦은 스포트라이트

뜻밖의 후원자 · 181
일본 공연에 한국 대표라니요? · 186
'당신은 훌륭한 예술가니까 잘 해낼 거예요' · 192
일본 공연, 진짜 일본 사람들 · 203
30년 만의 귀환 · 214
중국의 로커 최건을 만나다 · 219

5부 나는 세상을 노래한다

내가 '한국의 밥 딜런'이라고? · 227
HOT 옆에서 하드록을 해도 좋아 · 236
문화적 혼혈아의 한국 사랑 · 242
아시아의 스위스를 꿈꾸며 · 250
내가 본 미국 · 255
공짜주의 · 265

에필로그 · 273
연보 · 274
경계를 넘는 음악시인 한대수 · 276

그 꿈같은 방 가운데 놓여 있던 행복

서른 살까지 자신 있던 일 중에 하나가 기억력이었다. 언제 어디서 무슨 옷을 입었고, 지나치다 툭 뱉은 말이 어땠으며, 심지어 누가 말 사이에 어느 정도 뜸을 들였는지까지. 모든 게 노력 안 해도 꽉 사진처럼 찍혀 저장되어, 필요할 때마다 꺼내 썼다. 차곡차곡 쌓아놓고 사는 덕에 결국 나는 암 환자가 되었다. 두 번의 대수술로 거의 조두(鳥頭)로까지 전락한 지금은 마구 잊어버리는 통에 살기가 쉬워진 편이다.

대수 형을 처음 뵌 건 그 찬란한 기억력의 절정기 때 일이다. 명륜동 버스 정류장에서 어딘가를 생각 없이 보던 그 창백한 옆모습을 나는 기억한다(나는 버스 속의 등굣길 여고생이었고). 실은 창백한 옆모습이 아니라 긴 머리가 아직도 생생한데, 그건 내가 여자처럼 머리 기른 남자를 태어나서 처음 봤기 때문이다. 1968년의 일이다. 이제 30년이 지나, 형의 이야기를 밤새 읽고 며칠 동안 뭐라 표현할 길 없는 가슴으로 지냈다.

1970년대 중반에 형네 집에 놀러 갔었다. 같이 사는 명신 씨의 벌거벗은 사진이 확대되어 걸려 있고, 말 그대로 사과 궤짝에 외국 잡지를 뜯어 붙여서 엎어놓은 예쁜 상이 하나, 그 꿈같은 방 가운데 놓여 있었다. 바람결에 듣던 형 소식이 뜸해질 즈음 나도 뉴욕

맨해튼에 신혼살림을 차렸는데 어느 날 불쑥 장미 한 송이를 들고 놀러 오셔서 엄청 반가웠다. 뉴욕 시내를 같이 걷고, 우리 집에서 저녁 대접을 하고, 형 집에 가서 저녁도 얻어먹으며 훌쩍 시간이 지나갔다.

언젠가, 한국 생각이 나면 리버사이드 교회에서 맨해튼 남쪽 끝까지 롤러스케이트 타고 연을 날리러 가던 열 살 때 얘길 형에게서 들은 적이 있다. 그때 내 마음속에 그려진 영화 같은 장면은 내 콧날을 시큰거리게 했고, 형의 책을 읽는 동안 내내 애잔한 연민이 되어 며칠 내 꽁무니를 쫓아다녔다.

형, 부디 건강하시고, 옥사나와 행복하시고, 좋은 노래 검은 머리 파뿌리 될 때까지 만들고 부르세요.

양희은(가수)

도사였고 거인이었고 귀여운 폭군이었던 남자

바로 엊그제 같은데 30년의 세월이 흘렀다. 1968년, 그게 여름이었을까, 가을이었을까. KBS 레코드실에 근무하던 정은영 씨가, 미국에서 젊은 가수가 귀국하는데 한번 만나봐 달라고 했다.

한대수. 동안에 장발이고, 약간 탁성(濁聲)에 경상도 사투리가 다정했다. 무엇을 하고 있느냐니까 '프로 포토아티스트'라고 대답했다(갓 스무 살의 나이에 미국에서 프로 사진작가였다니). 리사이틀을 하겠다고 해서 드라마센터에서 판을 벌였다. 조영남, 트윈폴리오가 우정출연으로 끼어들었다. 한대수는 기타도 치고, 하모니카도 불고, 노래도 하고, 얘기도 했다. 모든 것이 스스럼없었다. 겁을 모르는 남자. 그는 무게 있게 리사이틀 현장을 떠받쳤다. 나는 그날 무대에서 달콤한 사랑이나 이별 노래를 들은 기억이 없다. 스무 살이 될까 말까 한 그에게서 도사(道士)의 모습을 봤다면 과장이 될는지. 하지만 그는 그날 영락없는 도사였고, 거인이었고, 귀여운 폭군이었으며, 분명 우리 젊은이 중의 한 사람이었다. 그는 우리가 하고 싶은 것을 '명령'했고, 우리가 바라는 감각을 되찾고자 했으며, 웃지도 울지도 못하는 젊음을 대변해서 행복의 나라를 지시했다. 그로 인해 '싱어송라이터'란 말이 우리 곁에 뿌리를 내렸다.

리사이틀이 있고 며칠 뒤, 내가 제작 연출했던 동양 TV 쇼 프로그램에 그를 등장시켰다. 평이 좋아 다시 한 번 출연시키려는데 상부에서 제동을 걸었다. 다 좋은데 머리가 너무 기니 자르라는 것이었다. 이 말을 전하니까, 한대수가 정색을 하고 말했다. "딴 사람은 몰라도 어떻게 이백천 씨까지 그런 말을 하십니까." 14세 연하의 소년 가수에게서 듣는, 서슬 푸른 하늘의 질책이었다. 그는 중머리로 나와 노래했고, 다시는 방송에 출연하지 않았다.

  그 이후 오늘까지 딱 두 번 그를 만났다. 한 번은 최근작 레코딩 관계로 압구정동 근처에서, 몽고 출신인 묘령의 여성과 결혼했는데 나이 차만큼이나 마음고생이 따른다고 했다. 또 한 번은 이 글을 쓰기 며칠 전 영동호텔 커피숍에서. 그때 우리 둘은 합의를 보았다. 노래를 하는 사람과 듣는 사람의 마음에 똑같이 하늘이 함께하지 않는다면 어떻게 노래일 수 있겠느냐고. 하늘과 하늘이 서로 주고받는 소리가 음악 아니겠느냐고. 한대수. 그의 삶, 그의 음악과 함께 모든 이들이 진정한 '행복의 나라'로 향할 수 있게 되기를 기원한다.

이백천(음악평론가)

머리말

출판사에서 내 인생을 책으로 엮고 싶다고 했을 때, 나는 망설였다. 자서전이란 최악의 적, 바로 자기가 쓴 자기 이야기이다. 게다가 나는 너무 젊었다. 겨우 오십을 넘긴 나이에 이렇게 멀쩡히 살아 있지 않은가!

하지만 내가 살아온 이야기를 쓰기 시작하면서, 양파를 벗기듯 내 과거를 한 꺼풀 한 꺼풀 벗기기 시작하면서, 어떤 변화를 겪고 있는 내 모습을 발견했다. 나는 곧 나만의 세계로 침잠했다. 그리고 거기서 내 어리석은 실수와 불운에 심판을 내렸다. 도저히 사람답게 생활할 수 없었던 나는 짐승이나 마찬가지였다. 면도도 안 하고, 세수도 안 하고, 사람도 만나지 않고, 청소도, 사랑도 나누지 않았다. 이 광기가 시작되는 동안 참고 지켜봐준 옥사나에게 큰 빚을 졌다. 노래와 시를 쓴 적은 있지만, 책으로 펴낼 글을 쓰는 것은 이번이 처음이며, 바라건대 마지막이었으면 한다. 책을 쓰는 일은 끔찍이 괴롭다. 수많은 위대한 작가들이 자살한 것도 놀라운 일이 아니다.

많은 사람들이 인생에 대해 치료를 받고 있지만 정직이 최상의 치료법이다. 미국에서 정신과 의사를 만나는 것은 한국에서 사우나 가는 것만큼이나 흔하다. 정직하지 못하니까 죄책감이 생기고 정신이상까지 되는 것이다.

　마음 같아선 생각들을 조리 있게 풀어내고 싶었지만 내 정신이 그러질 못해 나만의 바람으로 그쳤다. 그래도 이 책을 읽는 독자들의 얼굴에 미소가 어렸으면 좋겠다. 이건 코미디잖아! 하면서 말이다. 한국에 적을 둔 지 2년 동안 나는 많은 것을 새롭게 깨달았다. 아줌마들의 친절, 노는 아이들 소리……, 그동안의 경험들은 그리웠던 조국의 된장 냄새와 같이 감미로운 향수다(물론 강남의 저녁 8시 교통난은 빼고). 이 책에 새로운 부활의 날개를 달아주신 아침이슬 박성규 사장님과 김준연 부장님에게 깊은 감사를 드린다. 그리고 이 책에 등장하는 모든 인물들, 고맙다. 나를 살게 해주어서. 어딘가로 떠나는 여러분의 여행에 행운이 깃들기를, 그리고 그 여정에서 보물을 찾기를. 허구가 날뛰는 세상에서 진실은 침묵하리라. 나의 깨달음은 '인생은 신기루'라는 것이다.

2005년 여름
한대수

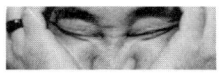 1부 불행한 출발

대저택의 외로운 소년

　　　　　　　　　　　　　　내가 이 세상에 나온 것은 1948년 3월 12일이다. 어머니(박정자)는 부산 국제시장에 점포와 창고가 여럿 있고 부산진 철공소까지 경영하는 부유한 사업가 집안의 맏딸이었다. 아버지(한창석)는 유명한 교육자의 맏아들이었다. 할아버지(한영교)는 1930년대에 학위를 따러 미국에 건너간 초기 유학생 가운데 한 사람이었다. 미군정 때 경상남도 도지사를 지낸 할아버지는 호레이스 언더우드의 주도 아래 백낙준 박사와 더불어 연희전문학교(나중에 세브란스의과대학과 합치면서 연세대학교가 된다)를 설립했다. 그리고 연희전문 신학대 초대 학장과 대학원장을 지냈다. 우리 부모의 결혼은 한마디로 부와 명예의 결합이었다.

　신학자이며 바이올리니스트였던 할아버지는 한때 부산교회의 목사로 있었는데, 어머니는 이 교회에서 피아노를 쳤다. 그때 할아버지가 어머니에게 당신의 아들 그러니까 우리 아버지와 결혼해 달라고 했다. 어머니는 열여덟, 아버지는 스무 살이었다. 떠들썩한 축복과 환호 속에 결혼식을 올린 지 채 1년이 못 되어 내가 태어났다.

하지만 젊은 부부가 행복한 결혼 생활을 누린 것은 딱 1년뿐이었다. 아버지가 박사학위를 따러 미국 유학길에 올랐던 것이다. 할아버지는 우리나라에도 앞으로 핵물리학자가 필요할 거라고 여겼다. 그래서 아버지는 핵 분야에서 최고였던 코넬 대학에 등록했다. 아버지가 요코하마행 화물선에 몸을 싣고 떠나 샌프란시스코에 도착한 것은 내가 막 기어다닐 무렵이었다. 히로시마에 최초로 원자폭탄이 투하된 지 3년 후의 일이었다.

두 달 동안 배를 타고 태평양을 건너느라 녹초가 되고 다시 기차로 미 대륙을 횡단한 끝에 아버지는 드디어 목적지인 뉴욕 주 이타카에 도착했다. 코넬 대학은 미국 북동부의 아름다운 숲 속에 있었다. 캐나다 국경 근처, 경치 좋기로 유명한 핑거 호수 바로 아래쪽이었다. 아버지는 미국 커피를 한 모금 마시고 시거를 길게 빨아들였다. 그러고는 기숙사 창 밖으로 펼쳐진 대자연을 바라보며 생각했다. '여기야말로 천국이구나.'

일본이 물러가고 얼마 뒤, 아버지는 혼란과 가난에 신음하는 고국을 남겨두고 떠나왔다. 모스크바와 워싱턴은 한반도에서 영향력을 강화하고 있었고, 한국은 어쩔 수 없이 어느 한 쪽을 택해야 했다. 1948년 남과 북에

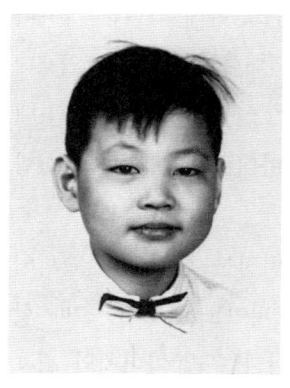

할아버지를 따라 열 살 때 처음 미국에 갔다.

두 개의 공화국이 세워지기 훨씬 전부터 한국은 사실상 분단된 상태였다. 포장도 안 된 도로에는 헐벗은 고아들이 쏟아져나와 거리에 똥을 누기도 하며 놀고 있었다. 반면에 미국의 영향력은 전세계에서 절정에 달해 있었다. 미국은 일본제국을 무릎꿇리고 나치라는 전쟁기계를 물리친 승리자였다. 유럽과 아시아는 짓밟혔지만, 미국은 세계를 뒤덮은 2차대전의 참화에서 비켜나 번쩍이는 강철 도시들과 우월감 속에서 빛나고 있었다.

한창 감수성이 예민한 나이인 스무 살의 아버지는 어린 신부에게 한 통, 부모님에게 한 통씩 환상적인 부자 나라의 이야기를 적어 보냈다. 편지에는 도넛이 얼마나 맛있는지, 캠퍼스는 얼마나 깨끗한지 하는 사연들이 가득했다. 편지는 배편으로 석 달 만에 한국에 도착했다. 그리고 답장을 받는 데 또 석 달이 걸렸다. 어머니는 아들을 데리고 미국에 가서 아버지와 함께 살면 얼마나 행복할까 하는 꿈에 부풀었다. 하지만 이루어질 수 없는 꿈이었다. 내가 일곱 살이 되던 해에 편지가 뚝 끊겼다. 아버지가 사라진 것이다.

할아버지가 영향력을 동원하여 미 대사관과 코넬 대학 총장에게 연락해보았지만 허사였다. 아무도 아버지가 어딨는지 몰랐다. 그리고 소문들이 떠돌았다. 하나, 아버지가 차를 몰다가 젊은 여자를 치어 죽이고 남아메리카로 도망쳤다. 둘, 미국 여자와 사랑에 빠졌다가 비극으로 끝나 자살했다. 셋, 아버지는 에드워드 텔러 박사(얼마 뒤에 수소폭탄의 아버지로 불리게 된다)가 선발한 학생이었기 때문에 '일급 비밀'을 가지고 본국으로 들어가지 못하게 하려고 CIA에서 아버지를 숨겼다……. 어쨌든 아버지는 한씨 집안과 박씨 집안에 상처를 주었고 세월이 흐를수록 그 상처는 더욱 깊어만 갔다.

 어느 화창한 봄날 아침이었다. 이웃집 아이들과 놀고 있는데 이모가 나를 불렀다. 어머니에게 가보라고 했다. 나는 불빛이 침침한 어머니 방으로 들어갔다. 어머니는 몹시 괴로워하고 있었다. "엄마, 왜 그래?" 하고 물었더니 어머니가 전염병에 걸렸으니 병이 나을 때까지 할아버지 집에 가 있으라고 했다. 그러고는 비싼 일제 양복을 입혀주고, 회색 모자를 씌워주었다. 나는 육군 대령이던 이모부의 군용 지프를 타고, 마냥 신이 나서 영도다리를 건넜다. 그것이 마지막인 줄도 모르고.

 지프가 커다란 저택의 정문에 들어서자 할머니, 할아버지가 기다리고 서 있었다. 내가 품으로 뛰어들자 할머니는 눈물을 글썽이면서 꼭 안아주었다. 두 집안은 고통스런 결단을 내렸다. 겨우 스물여섯인 어머니에게 새 인생을 찾도록 한 것이다. 그래서 한씨 집안의 장손인 나는 할아버지 댁으로 돌아오게 되었다. 내 방은 이층에 있었는데, 한쪽 벽이 온통 책이었고 베란다 밑에는 장미 정원이 있었다.

 나는 이 집에 오래도록 적응하지 못했다. "엄마" 하고 부를 사람도 없었고, 같이 놀아줄 동무도 없었다. 집에는 높은 담이 쳐져 있고 경비원이 사람들의 접근을 막았다. 그때를 생각하면 지독히 외로웠다는 기억뿐이다. 삼촌, 고모와 함께 자랐지만, 나한테는 없는 부모가 그들에게는 있다는 걸 깨닫고부터 화도 나고 부럽기도 해서 툭하면 대들었다. 할아버지와 할머니는 대학 총장이니, 로터리클럽 회장이니, 걸스카우트 회장이니, 시청 행정위원이니, 맡은 일이 너무 많아서 항상 바빴다. 내 친구는 식모와 목수, 경비원 들이었다.

나를 사로잡은 것은 두 가지였다. 집안에 늘 가득한 책과 음악. 할아버지가 프린스턴 대학에서 박사학위를 딸 때 보던 어마어마한 책들을 통해 새와 벌에 관해 훤히 알게 되었다. 할아버지는 신학을 전공하느라 히브리어, 라틴어, 독일어와 영어로 된 책들을 공부해야 했다. 재미있는 것은 스탈린, 반 고흐, 니체가 한때 신학을 공부했다는 사실이다. 혹시 신학이 괴짜를 만들어내는 학문이 아닐까? 하지만 할아버지는 그 반대였다. 워낙 말투가 부드럽고 조용한 데다 성품도 점잖았던 할아버지는 저녁 만찬을 허도 끝날 때까지 두 번 정도 "음음" 하는 소리를 낼 뿐이었다.

집 안에는 늘 바흐, 베토벤, 모차르트와 바그너의 음악이 흘렀다. 그 음악들은 할아버지가 아끼는 매그노복스 하이파이 전축에서 울려퍼졌다. 바이올린을 켰던 할아버지는 연주를 하지 않을 때에는 꼭 음악을 들었다. 교향곡을 들으려고 교수들과의 점심식사도 마다하고 집에 올 정도로 음악을 사랑하는 분이었다. 나도 음악을 듣지 않을 수 없었고, 얼마 뒤에는 베토벤 9번 교향곡을 휘파람으로 따라 부르고 다녔다.

내가 열 살이 되던 1958년에 할아버지는 한국에서 건너가는 최

조부모님과 함께. 어머니와 헤어져
머무르던 연희전문 사택 앞에서.

초의 선교사로서 세계선교회 미국 본부의 초청을 받았다. 할아버지는 기꺼이 새 소명을 받아들이고 대학에 휴직계를 냈다. 그해 여름, 온 가족이 팬 아메리칸 항공기를 타고 뉴욕으로 향했다.

17년 만에 나타난 아버지

　　　　　　　　　　　　　　　　미국이 준 첫 번째 충격은 7인치짜리 TV였다. 할아버지 말대로 손잡이를 돌렸더니 갑자기 움직이는 영상이 나타났다. 나는 환호성을 질렀다. "야! 공짜 영화다!" 그 다음에는 초콜릿, 아이스크림, 햄버거와 야구가 나타났다. 우리는 컬럼비아 대학 바로 아래, 뉴욕 시 118번가에 있는 클레어몬트 애버뉴에 정착했다. 거실에서 바나드 여자대학(지금은 컬럼비아 대학의 일부) 테니스장이 마주 보이는 학구적인 동네였다. 우리는 빨리 적응해야 했다. 식모가 없기 때문에 세 아이들이 돌아가며 설거지를 하고 밥을 차리고 쓰레기를 내다놓아야 했다. 그런 일은 난생처음이었지만, 우리는 이따금 투덜거리면서도 잘 해냈다.

　학교에 간 첫날, 어떤 마음가짐으로 이 낯선 나라에 적응할지가 정해졌다. 담임 선생님이 반 아이들에게 나를 소개했다. "여러분, 한국에서 새 친구가 왔으니 환영해주세요. 이름은 대수랍니다." 아이들은 일제히 눈을 치켜올리고 깔깔댔다. 충격이었다. 나는 처음으로 이곳은 내가 있을 데가 아니라는 사실을 깨달았다.

선생님과 할머니, 할아버지는 내가 영어 때문에 고생하지 않을까 걱정이 컸다. 하지만 석 달이 지나자 나는 새처럼 영어를 지저귀고 있었다. 한국에서 엄격한 학교 교육을 받은 덕분에 공부도 식은 죽 먹기였다. 나는 곧 푸에르토리칸, 흑인, 백인 들과 사귀었다. 그들은 저마다 독특하게 말하고 행동했다. 나는 미술대회에서 일등상을 받으면서 어느 정도 인정받기 시작했다.

방과 후면 밖으로 나가 동네 아이들과 축구를 하거나 롤러 스케이트를 탔다. 한번은 공을 튀기면서 롤러 스케이트를 타고 가는데, 캐딜락 한 대가 내 쪽으로 달려왔다. 차가 끼익 소리를 내며 섰고 내 왼쪽 다리가 부러졌다. 꼼짝도 못 하고 쓰러져 있자, 아파트 주민들이 편히 있으라고 담요와 베개를 내주었다(이제 미국에서 이런 광경은 더 이상 찾아볼 수 없다). 경찰관이 우리 아파트에 찾아갔는데, 영어를 할 줄 모르는 할머니밖에 없었다. 하지만 할머니는 뭔가 일이 생겼구나 싶어 경찰관을 따라 사고 현장으로 급히 달려왔다. 할머

1960년, 김포공항.

니는 담요에 덮인 나를 보자마자 얼굴이 하얘져서 소리쳤다. "죽으면 안 돼, 아직 네 아비도 못 봤잖니!" 다행히 다리 하나만 부러진 걸 알고, 할머니는 감사 기도를 드렸다.

　할머니와 할아버지는 끊임없이 아버지를 찾았다. FBI에 물어보고 사립탐정을 쓰기도 했다. 하지만 아무런 소득이 없었다. 나는 P.S. 125 초등학교를 졸업하고 P.S. 43 중학교에 들어갔다. 8학년 때 할아버지의 임기가 끝나 우리는 한국으로 돌아가게 되었다. 나는 미국식 생활에 길들어, 야구를 좋아하고 'Thank you'와 'Excuse me'라는 말을 스스럼없이 하게 되었다. 여러 인종이 함께 살아간다는 사실에 어리둥절하기도 했으며, 미국인들이 친절하고 솔직하다는 것도 알았다. 할머니가 담근 양배추 김치에도 익숙해졌다(당시에는 한국 음식이 전혀 없어서 한국 대사도 곧잘 그 김치를 얻어갔다). 강연과 선교 일이 많았던 할아버지를 따라 미국 곳곳을 여행하기도 했다. 나는 한국 아이들이 상상도 못 하던 일들을 경험했다. 그러면서 나도 모르게 달라졌다. 우리는 프레지던트 윌슨 호를 타고 잊을 수 없는 석 달 간의 항해 끝에 고국으로 돌아왔다.

　한국에 다시 적응하는 것도 쉬운 일이 아니었다. 나는 부산의 명문 경남중학교에 들어갔다. 공부가 워낙 힘들어 가정교사까지 두었다. 머리를 빡빡 깎고 갑갑한 검은색 교복을 입었을 때, 나는 기겁을 했다. 하지만 곧 동급생들이 하는 대로 따라갔고, 시험 기간이면 잠을 쫓으려고 '아나뽕'을 먹으며 밤을 샜다. 기계적인 암기식 학습이 날마다 반복되었다. 졸업할 즈음 명문고 가운데 하나인 경남고등학교에 합격했다. 할아버지와 할머니는 기뻐서 어쩔 줄 몰라했다. 마침내 나는 한국 생활에 조금씩 순응해갔지만, 학교 친구들한테는 늘 어딘지 낯설고 이해할 수 없는 존재였다.

고등학교 시절에는 몇 번의 멋진 순간들이 있었다. 동래여고에 다니는 예쁜 여학생과 처음으로 풋사랑에 빠져보기도 했고, 친구들과 등산을 가서 처음 매실주도 마셔보았고, 엘비스 프레슬리에게 푹 빠져 있기도 했다. 나는 '고릴라'라는 친구네 집에 자주 놀러 갔다. 고릴라는 삯바느질하는 어머니와 누이랑 단칸 셋방에 살았다. 하지만 부러워한 쪽은 오히려 나였다. 그 친구에게는 어머니가 있었고, 단칸방에는 늘 사랑과 이해가 흘러넘쳤다. 가슴이 뭉클했다.

때로는 할아버지의 목장에 갔다가 목장 아저씨네 가족과 곧잘 밤을 보내기도 했다. 된장찌개만으로 저녁을 먹어도 그 작은 방에는 화목한 정이 가득했다. 마른나무 타는 냄새와 연기가 자욱한 온돌 마루에서 숭늉을 들이켜고 백조 담배 한 모금 빠는 것보다 더 즐거운 일은 없었다. 씻지도 않은 아이들이 옷도 안 입고 주변을 뛰어다니는 동안, 우리는 새로 태어난 강아지나 내일 짜야 할 우유 이야기를 하곤 했다.

어느 날 집에 돌아와보니, 할아버지가 일찍 와 계셨다. 그리고 온 가족이 심각한 표정으로 거실에 모여 있었다. 가슴이 철렁 내려앉았다. 분명 무슨 일이 일어난 것이다. 할머니는 나를 보더니 팔을 활짝 벌리고 소리쳤다. "네 아버지를 찾았다는구나!" 그 순간 내 세계는 완전히 바뀌었다.

미국에 살 때 할아버지, 할머니가 아버지를 찾으려고 애썼던 보람이 그제야 나타났다. FBI가 하워드 한이라는 가명으로 뉴욕 주 롱아일랜드에 살고 있는 아버지를 찾아낸 것이다. 우리가 살던 뉴욕 시에서 48킬로미터밖에 안 떨어진 곳이다. 정말 어처구니없는 일이었다. 미국에 살던 고모가 찾아가 하워드 한이 정말로 오빠인지 확인했다. 고모는 그때를 이렇게 회상했다. "집 앞에서 두 시간

'고릴라' 예종은과 밀양 영남루에서.

을 기다렸는데, 오빠는 안 보이고 웬 금발의 중년 부인이 빨래와 집안일을 하고 있더구나. 그런데 새벽녘에 차가 한 대 와서 서더니 동양인 남자가 내리는 거야. 난 가슴이 두근거려서 고모부 손을 꼭 잡았지. 숨을 죽이고는 문을 두드렸어. 금발 여자가 나오기에, 미스터 한의 친척인데 그를 만날 수 있느냐고 물었다. 그 남자가 문 앞으로 나오는데, 한눈에 알아보겠더구나. '오빠, 나 미선이야!' 하고 소리쳤지. 시간이 멎은 것 같았어. 오빠는 감정이 북받쳐서 나를 껴안았어. 17년이라는 세월도 순간이더구나."

아버지는 부모가 자신을 필사적으로 찾았고 자기 아들이 벌써 열일곱 살이라는 소식을 들었다. 우리는 고모한테서 아버지가 한국말을 못 하며 겉모습만 한국인일 뿐 한국인의 흔적은 조금도 남아 있지 않다는 얘기를 들었다. 나는 당장 유창한 영어로 아버지에게 편지를 썼다. 얼마나 아버지가 보고 싶었는지, 함께 낚시도 가고 지난 세월 동안 아버지와 함께 하지 못한 일들을 얼마나 하고 싶은지를 썼다. 아버지도 답장을 보냈다. 공부는 어떻게 하고 있느냐며 함께 살자고 했다. "창석이를 보기 전에는 눈을 못 감아" 하고 입버릇처럼 말하던 할머니는 천국에라도 온 듯 행복해했다. 친구들도 내 걸음걸이가 달라졌다는 걸 눈치챘다. 내 어깨에는 힘이 팍 들어가 있었다.

우리는 또다시 미국으로 떠날 짐을 꾸리기 시작했다. 할아버지의 책만 열두 트렁크였다. 나는 번지르르한 엘비스 스타일로 머리를 길렀다. 그리고 학교를 휴학하고 짐을 싸던 석 달 동안, 늘 벼르던 일을 시작했다. 같은 반 친구인 김형수한테서 기타를 배운 것이다. 손가락에서 피가 났지만, 나는 복잡한 감정을 토로할 훌륭한 배출구를 찾아냈다. 드디어 친구를 만난 것이다. 진정한 친구, 나의 기타를.

처음 노래를 쓰다

1964년 11월. 쌀쌀한 초겨울 날씨 속에 우리 식구는 존 F. 케네디 공항에 도착했다. 서른일곱의 나이에 벌써 머리가 벗겨진 아버지는 눈물 섞인 웃음으로 우리를 맞았다. 할아버지와 할머니도 큰아들을 되찾은 기쁨을 감추지 못했다. 할머니는 아들과 말이 안 통한다는 걸 알고는 몹시 당황했다. 아버지는 우리말을 완전히 잊어버렸다. 아버지를 흘끔 쳐다보니 갑자기 쑥스러워졌다. 이제 아버지와 함께 새로운 생활을 하게 되었으니 할아버지와 할머니, 문석 삼촌, 희선 고모와는 헤어져야 한다. 지난 10년을 함께 살아온 고모와 삼촌은 내게 형이나 누나와 다름없었다. 내 인생이 다시 한 번 뒤바뀔 판이었다.

나는 스테이션 왜건을 타고 롱아일랜드의 대사피콰로 향했다. 차 안에서 아버지는 나를 바라보며 말했다. "You're a big boy already. Do you smoke?" 아버지가 락 담배 한 개비를 건넸다. 우리는 말없이 담배를 피웠다. 그것이 우리가 아버지와 아들로서 제일 처음 함께 한 일이었다. 아버지는 아홉 아이가 딸린 여자와 안락하게 살고 있었다. 손꼽는 핵 공학자였던 아버지는 이제 뉴욕에서 인쇄회사를 운영하고 있었다. 나는 앨프레드 G. 버너 고등학교에 입학했다. 백인 일색에 전형적인 시골 학교였다.

새어머니 수는 몹시 혼란스러워했다. 아버지가 기혼자인 줄은 까맣게 몰랐고 자기 삶에 불쑥 끼어든 나 때문에도 그랬다. 서로 이해할 수 있는 부분을 찾기까지는 고통스런 시간이 필요했다. 문화 차이도 있었고, 아버지의 사랑을 두고 경쟁을 하기도 했다. 아버지는 사업을 확장하기 위해 토요일에도 아침 8시부터 밤 10시까지 일했다. 나는 일요일에 외출했다 돌아오거나 낮잠을 자는 아버지밖에 볼 수 없었다. 아버지와 낚시도 하고 공도 차겠다는 꿈은 한 번도 이루어지지 않았다. 기대가 컸던 만큼 실망도 컸다. 나는 점점 침울해졌다.

고등학교 시절 같은 반 친구 김형수한테서 기타를 배웠다. 하모니카를 걸고 연주를 시작한 것도 그때부터다.

얼마 뒤 자칭 '타운 범스(동네 건달)'라는 녀석들이 접근하더니 자기네 패거리에 들어오라고 했다. 동양인이 두 명뿐인 학교여서 내가 있으면 좀 특이해 보일 거라고 생각한 모양이었다. 누구라도 불러주기를 바라던 터라 그 패거리에 들었다. 나는 리더 P.R.의 지하실에서 제일 싸구려 와인 '선더버드' 4리터를 마시는 걸로 신고식을 치렀다. 그러고는 함께 고물 자동차를 타고 돌아다니며 디스코테크에 뻔질나게 드나들고 여자들 꽁무니를 쫓아다녔다. 이따금 잔뜩 취해서 거실 바닥에 토하기도 했다. 가뜩이나 서먹한 새어머니와의 관계가 더욱 어색해졌다. 영어만 빼고 성적은 모두 엉망이었다(나는 문학과 시를 좋아해서 미국인이 아닌데도 영어만은 반에서 최고였다). 별로 진전이 없던 아버지와의 관계까지 서먹해졌다.

삶에 흥미를 잃은 내 모습은 곧 상담교사들 눈에 띄었다. 그들의 일은 고민에 빠진 학생을 지도하는 것이었다. 나는 자연을 사랑하는 온화한 과학선생 홀을 만나게 되었다. 홀은 주말 가족여행에 나를 자주 초대했다. 스키, 캠핑, 낚시. 내가 아버지와 하고 싶었던, 그런 것들이었다.

특히 홀 부인은 내가 시를 쓰고 예술적 재능을 계발하게끔 많이 격려해주었다. 뉴햄프셔에서 농장과 리조트를 운영하는 오빠에게 소개해주기도 했다. 나는 홀 부인의 주선으로 여름방학 때 거기서 일하게 되었다. 그곳은 천국이었다. 설거지가 내 일이었지만, 혼자 지낼 수 있는 오두막도 있었고 친구들도 생겼다.

그곳은 맛있는 시골 음식을 먹을 수 있고 승마, 야영과 스퀘어 댄스를 즐길 수 있는 가족 휴양지였다. 직원이 열한 명이었는데, 내가 맡은 일은 아침에 들판에 있는 말을 모아들이고 수영장을 청소하고 설거지하고 모닥불을 피워놓고 아이들을 위해 기타를 치며 노래하는 것이었다. 일이 끝나면 오두막으로 돌아가 기타를 쳤다. 이제 내 노래를 만들어야겠다고 생각했다. 처음에 만든 곡은 형편없었다. 〈로라〉, 〈세상에서 가장 훌륭한 접시닦이〉 따위였다. 하지만 나는 곧 〈그날까지〉, 〈행복의 나라〉, 〈옥의 슬픔〉 같은 노래를 썼다.

그때 처음으로 친한 친구가 생겼다. 아일랜드인 수영장 건축업자의 아들인 데니스 매카시였다. 그의 가족은 리조트의 정회원이었다. 기타가 우리 사이를 맺어주었고, 우리는 형제처럼 지냈다. 당시는 베트남 전쟁과 히피운동이 시작될 무렵이었다. 하버드 대학의 티모시 리어리 박사는 "조율하라, 도취하라, 일탈하라(Tune In, Turn On, Drop Out)!"고 선언했다. 그는 급진적인 심리학자로서 마약, 주로 LSD를 이성적으로 사용하면 인간이 두려움과 죄의식에서 자유로워지고 뇌 기능이 발달해 우주와 세계를 더 잘 이해하게 된다고 확신했다. 리어리 박사는 1996년 일흔여섯 살에 바라던 죽음을 이루었다. 그의 유골은 캡슐에 담겨 로켓을 타고 우주에 뿌려졌다.

우리는 그의 충고를 따랐다. 폴 버터필드의 〈East-West〉를 들으며 마리화나를 처음 피워보았다. 이상했다. 온 세상이 음악으로 꽉 찬 느낌이었다. 우리는 쉴 새 없이 낄낄거렸다. 그 즈음 말린 바나나 껍질이 마리화나보다 낫다는 소문이 뉴욕에서 흘러들었다. 앤디 워홀이 큼직한 바나나를 실크스크린으로 찍어 벨벳 언더그라운드의 앨범 표지에 실었던 것이다.

우리는 바나나 껍질을 오븐에 구워서 피웠다. 하지만 아무 느낌도 없었다. 헛소문이었다. 그러나 우리는 거기서 밴드를 만들자는 아이디어를 떠올렸다. 그리고 '바나나 보이스'라는 이름으로 그 리조트와 시내 술집에서 연주를 시작했다. 우리는 벤처스에서 비틀즈까지 모든 곡을 연주했다. 직접 만든 노래도 몇 곡 불렀다. 이 경험은 훗날 콘서트를 할 때 소중한 자산이 되었다.

손님들이 매주 바뀌었기 때문에 사내아이들은 항상 다음 가족들이 어떤 예쁜 딸을 데려올까 궁금해했다. 예쁜 여자애가 새로

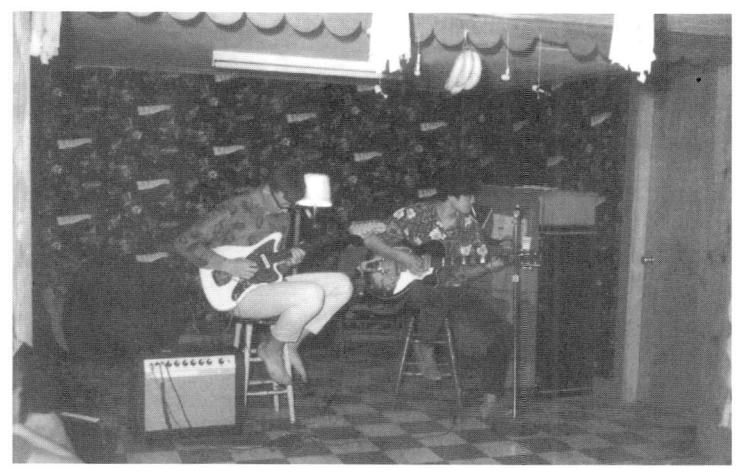
나의 첫 밴드 바나나 보이스. 왼쪽은 데니스 매카시. 우리는 바나나를 매달아놓고 연주했다.

오면 서로 눈독을 들이기에 바빴다. 한국식 가정교육에 익숙한 나는 다른 아이들처럼 대담하지 못했다. 여자애 몇이 내게 관심을 보였는데, 로라라는 아이가 좀 끈질겼다. 별로 예쁘지 않은, 오히려 못생긴 편에다 뚱뚱한 아이였다. 하지만 그애는 나를 놓아주려 하지 않았다. 어느 외로운 저녁, 나는 로라의 욕망 속에 꼼짝없이 갇혔다. 나는 아담이었고, 그녀는 뚱뚱한 이브였다. 그렇게 금단의 열매를 깨물었다. 그 뒤로 나는 풍만한 여자들한테 끌리게 되었다.

요리를 좋아하게 된 것도 이때부터였다. 프랑스 요리사인 마이크 마로타가 나를 마음에 들어해서 접시닦이에서 보조 요리사로 승진시켜주었다. 나는 하루에 감자 100개를 벗기고 달걀 200개를 깨고 양상추 50포기를 썰었다. 1966년 여름은 내게 타임 캡슐이었다. 독립해서 사는 것이 어떤 건지도 조금은 알게 되었다.

그해 9월, 졸업을 했다. 내가 쓴 〈Parting〉이라는 시가 뽑혀 낭송을 하고, 프로그램의 첫 페이지에 실렸다.

I too must go
And take the path
That millions have passed
Ghostly before me

Leaving behind
A strip of memory

And if I awake
To find you so dear
I will look at the blue skies
And mountains over ahead ⟨Parting⟩

나도 가야 한다
내 앞의 수많은 이들이
유령처럼 지나갔던 그 길을
또한 가야 한다

한줌의 추억을
뒤로한 채

그리고 잠에서 깨어나
불현듯 당신이 그리워지면
푸른 하늘과
먼산을 바라보리라 ⟨이별⟩

나는 동급생들의 축하를 받으며, 앨프레드 G. 버너 고등학교와 아버지의 집이 있는 롱아일랜드를 떠났다.

도중하차한 수의사의 길

할아버지는 내가 부산에 있는 목장을 운영하기를 바랐다. 우리 국민들이 전쟁을 치른 뒤라 영양이 부족하니 우유를 많이 마셔야 한다는 것이었다. 내가 목부들과 금방 친해지는 것을 보고 할아버지는 내가 수의사가 되기만 하면 언제든지 목장을 물려줄 작정이었다. 나는 아름다운 언덕과 소들의 '음메' 소리를 떠올렸고, 말을 타고 아무렇게나 기타를 치는 내 모습을 그려보았다. 나는 할아버지의 뜻을 받아들였다. 그리고 홀 부인의 도움으로 우수한 농과대학이 있는 뉴햄프셔 대학에 입학했다.

나는 여행가방 하나와 기타를 챙겼다. 그리고 그동안 잘 참아준 새어머니 수를 안으며 고마움을 전했다. 지난 2년 동안 삐걱거렸던 감정은 누구의 탓도 아닌 상황 탓이었다. 아버지는 여덟 시간 동안 차를 몰아 뉴햄프셔 주의 듀럼까지 나를 데려다주었다. 안도의 한숨, 슬픔의 한숨, 뿌리내리지 못한 사랑의 한숨과 함께.

듀럼은 극장이 하나, 음식점이 두 개 있는 조그만 대학촌이었다. 나는 기숙사에서 털털하고 덩치가 큰 친구와 한방을 썼는데, 시간표가 나와 정반대였다. 그 친구의 코고는 소리는 정말 죽을 맛이었다. 더구나 나는 통제가 심한 생활은 체질에 맞지 않았다. 기숙사를 보면 꼭 깔끔한 교도소 같다는 생각이 들었다. 아무튼 나는 기숙사를 떠나도 된다는 특별 허가를 얻어서 학교 바로 옆에 있는 개인주택의 이층 방을 빌렸다. 집세도 더 쌌고, 자유도 더 많았다.

첫해는 별일 없이 흘러갔다. 수업도 토양학, 축산, 농업경영 등 일반 과목만 있었다. 하지만 2학년이 되자 실제와 맞닥뜨리게 되었다. 살아 있는 동물을 상대로 실습하기 시작한 것이다. 첫 번째 외과 과정은 닭을 죽여서 해부하는 것이었다. 좁은 깔때기로 닭의 머리를 뚫고 정맥을 끊어야 했다. 나는 도저히 할 수 없었다. 어떻게 동물을 죽인단 말인가. 머뭇거리는 사이에 닭은 푸드덕거리며 도망치고 한참 소동이 벌어졌다. 여학생 몇은 대농장주의 딸이었는데, 아무 문제 없다는 듯 닭의 목을 잘랐다. 슥슥.

그 다음에는 인공수정을 배웠다. 정액을 주사하여 암소를 수정시키는 수업이었다. 왼손에 긴 라텍스 장갑을 끼고 항문으로 집어넣어 난소를 자극하여 오른손으로 정액을 주사해야 했다. 다들 잘 해내는 가운데 내 차례가 되었다. 왼손을 항문에 밀어넣자 뭔가 물컹한 것이 가로막았다. 교수가 무슨 일이냐고 물었다. 뭔가 뜨뜻한 것이 내 손을 밀어내는 게 느껴졌다. 암소가 하필 그 순간에 일을 보기로 작정한 것이다. 모두들 폭소를 터뜨렸고, 나는 과제를 끝내지 못한 채 쇠똥을 뒤집어쓰고 말았다. 교수만 웃지 않았다.

1960년대 말, 캠퍼스에는 꽃이 만발했다. 남자들은 나팔바지를 입고 여자들은 머리에 꽃을 꽂았으며 거리에는 마리화나 냄새가

진동했다. 비틀즈의 앨범 《Sgt. Pepper's Lonely Hearts Club Band》가 레코드 가게를 강타했고, 지미 헨드릭스가 신격화되었다. 나는 금요일 밤마다 커피숍에 들러 자작곡을 부르고 모자를 돌렸다. 열두 명의 다른 포크 가수들도 돌아가면서 밥 딜런, 조니 미첼, 필 오크스 등의 노래를 불렀다. 수 힝클리라는 독특한 여학생이 나의 팬이 되어 가끔 데이트를 하게 되었다. 영어를 전공하는 자유롭고 호기심 많은 빨간 머리 아가씨였다. 그녀가 내게 '후지'라는 별명을 붙여주었다.

"왜 후지야? 나는 한국 사람인데."

"상관없어. 넌 머리가 길어서 꼭 걸어다니는 산 같아."

한국에 있을 때 나는 목부들과 잘 어울려 지냈다. 이때 지게도 처음 졌다.

우리는 함께 산책하고 이야기하고 영화도 보며 즐겁게 지냈다. 힝클리는 2학년 때 학교를 그만두고 스튜어디스가 되었다. 나는 내 시를 자필로 쓴 작은 시집을 주었다. 행운을 비는 입맞춤과 함께. 그녀도 내게 흔적을 남겼다. 학생들이 모두 나를 후지라고 부르게 된 것이다.

그해 여름학기, 최소한의 임금만 받고 목장에서 일하는 것이 필수 과목이었다. 나는 젖소를 200마리 키우는 메인 주의 한 농장에 배정되었다. 새벽 다섯 시에 일어나 두 시간 동안 똥을 치우고 나서 젖을 짜고 오후에는 건초를 만들고 암소들에게 꼴을 먹였다. 농장에는 일꾼이 세 명뿐이었다. 일은 너무나 고되었다. 말을 타고 한가로이 기타를 치겠다는 꿈은 얼토당토 않다는 걸 깨달았다. 결국 4주 만에 학교로 돌아오고 말았다. 학생과장이 나를 불렀다. "한군, 여기서 뭐하고 있나? 여긴 무척 비싼 학교야." 나는 대답했다. "그래요, 도대체 여기서 뭘 하고 있는 건지!" 나는 학교를 그만두기로 결심했다.

어느 날 오후, 학교 식당에서 커피를 마시며 《파퓰러 포토그라피》라는 잡지를 보다가 나는 사진예술과 이미지에 깊이 매료되었다. 사진예술은 그 당시 성숙기에 이르러 스타이켄, 애베던, 덩컨, 브레송 같은 이름들이 주목받고 있었다. 나는 뉴욕 사진학교의 광고를 찢어 들고 뉴욕으로 가는 그레이하운드 버스에 올랐다.

평화와 사랑의 물결에 몸을 맡기고

뉴욕에 돌아가자마자 할아버지와 아버지를 찾아가 결심을 털어놓았다. 가족들은 적잖이 실망했다. 박사와 공학자를 배출한 집안 사람들로서는 사진작가가 되겠다는 소리를 도저히 이해할 수 없었으리라. 돈이든 마음이든 가족들의 후원을 기대하는 건 무리였다. 하지만 그 길은 나의 표현 욕구를 채워줄 것이고, 혼자서 단순한 생활을 꾸릴 수 있게 해줄 것이었다. 나는 밀고 나갔다.

일단 등록 신청부터 하고서, 이스트 60번가에 있는 세렌디피티 레스토랑에 일자리를 얻었다. 오후 여섯 시부터 새벽 한 시까지 근무하는 주방장 보조 일이었다. 그리고 11번가의 A애버뉴에다 한 달에 50달러짜리 방을 구했다(그곳은 알파벳 시티 또는 스패니시 할렘이라고 불리는 아주 가난하고 위험한 동네였다). 자리를 잡은 것이다. 아침 아홉 시부터 오후 다섯 시까지 학교에서 공부하고 32번가에 있는 학교에서 60번가까지 걸어갔다. 그리고 새벽 한 시에 아르바이트가 끝나면 11번가의 숙소까지 걸어왔다. 아주 피곤할 때만 버스를 탔다.

첫 수업에 들어간 나는 흥분에 떨었다. 빛과 카메라와 암실에 관한 토론은 토양관리나 축산, 인공수정과는 하늘과 땅 차이였다. 내가 있을 곳을 찾은 것이다. 무엇보다도 동기들이 멋졌다. 그들과는 터놓고 이야기를 나눌 수 있었다. 게다가 학비를 직접 버는 처지이니 더 열심히 공부할 밖에. 그곳에서 알 크로지어라는 친구를 만났는데 사진작가가 되기를 열망하는 시인이었다. 부친이 포드 사에 다녔는데 절대로 아버지처럼 살고 싶어하지 않았다. 마침 그 친구가 있을 곳이 마땅치 않아 내가 함께 살자고 했다. 그는 제의를 고맙게 받아들였다. 덕분에 나도 한 달에 집세 25달러를 절약할 수 있었다. 우리는 멋진 친구로서, 룸메이트로서 많은 순간을 함께 나누었다. 시, 사진기술 그리고 한 여자친구까지도. 나중에 그는 호주로 이민을 떠났다.

세렌디피티 레스토랑은 딴세상이었다. 진 슈림턴 같은 모델, (〈우리에게 내일은 없다〉를 찍은 직후의) 페이 더너웨이 같은 여배우, 바브라 스트라이전드 같은 가수나 재키 오나시스가 가벼운 식사나 간식을 먹으러 오던 '잘 나가는' 레스토랑이었다. 그곳의 매력은 실내장식과 서비스였다. 레스토랑 사장 미스터 호는 매력적인 중년 남자로 목에 두른 빨간 스카프가 인상적인 무척 솔직한 사람이었고, 동업자가 둘 있었다. 웨이터들도 잘생기고 매력적이었다. 대부분 배우들로 부업으로 일하고 있었다. 그런데 그들이 서로 껴안고 인사하는 것이 예사로워 보이지 않았다. 단순한 인사를 넘어 키스를 하기도 했다. 나는 어리둥절했다. 그래서 접시닦이인 티코에게 어떻게 생각하느냐고 물었다. 그는 눈이 휘둥그레져서 말했다.

뉴욕 사진학교 시절의 자화상.

"이제 알았어? 저 친구들은 마리콘(스페인어로 동성애자라는 뜻)이야." 나는 경악했다. 지난 석 달 동안 동성애자들이 운영하는 식당에서 일했던 것이다. 어떻게 해야 할지 고민이 되었다. 그만둬야 옳지 싶었다.

생각하고 또 생각했다. 하지만 돈을 벌어야 하는 데다 근무시간도 괜찮았다. 게다가 내가 먹는 영양가 있는 음식이라곤 식당에서 공짜로 얻어먹는 것 말고는 없었다. 머스키티어(허기를 면하게 해주는 초코바)로 점심을 때우는 형편이었으니까. 공부를 계속하려면 선택의 여지가 없었다. 웨이터가 음란한 말을 걸어올 때면 이렇게 대꾸했다. "관심 없어요." 그래도 끊임없이 등 뒤에 신경이 쓰였다. 어쨌거나 세렌디피티는 내게 훌륭한 경험이 되었다. 그들은 내 입장을 이해해주었고, 나도 그들의 욕구를 이해했다. 그네들의 파티에 초대를 받아 가보았더니, 아주 즐거웠고 사소한 부분까지 미적 감각이 돋보였다. 자연히 누가 옳고, 누가 그른지 의심이 들었다.

1967년 이스트빌리지는 요동치고 있었다. 세인트 마크스 플레이스와 톰킨 스퀘어 공원이 웨스트빌리지의 비터 엔드와 워싱턴 광장을 대신했다. 밤이고 낮이고 마약에 취해서 헤매는 사람들과 부딪치지 않고는 거리를 다닐 수가 없었다. 비틀즈가 〈She's Leaving Home〉을 부르고 많은 10대들이 부모에게 반항하여 자기만의 보금자리를 찾아 떠나던 시절이었다. 그 당시 '크래시'라는 말이 유행했다. 특정한 서비스, 주로 섹스를 해주는 대가로 다른 사람의 아파트에서 공짜로 자는 것을 말한다. 지저분한 내 아파트에조차 사람들은 문을 두드리며 "하룻밤 묵을 수 있을까요?" 하고 묻곤 했다. 물론 나는 은혜를 베풀었다. 이때는 '평화와 자유로운 사랑'의 시기였다. 나도 그 흐름에 실려갔다.

내 아파트 아래층에는 쿠바 혁명전선에 참여한 한 쌍이 살았다. '피그스 만 침공'이 실패하고 몇 년이 지났을 때였다. 그들은 항상 '미 제국주의로부터 쿠바를 해방시키자'는 유인물을 인쇄하느라 바빴다. 그로부터 2년 뒤 체 게바라가 찬사를 받으며 우상으로 떠올랐다. 어쨌든 알과 나는 언제 폭탄이 터질지 몰라 두려움에 떨며 지냈다. 옆집에는 '리틀 에이브'라는 인정 많은 말라깽이 흑인 친구가 살았는데, 마약을 팔아 생활하고 있었다. 학교 다니랴 일하랴 바빠서 마주칠 기회가 별로 없었지만, 어쩌다 보게 되면 그는 거리낌없이 최신 수입품을 자랑했다. "어이, 후지, 아프간(아프가니스탄)에서 온 하시(하시시)를 구했는데, 맛 좀 볼래?" 그러면 나는 그의 백인 여자친구가 끝내주게 맛있는 닭튀김을 만드는 동안 최신품을 시험해보곤 했다. 헤어질 때면 그는 "민중에게 권력을 (Power to the People)" 하고 흑인들의 인사를 했고, 나도 주먹을 치켜들어 답했다.

이러고 사는데, 외삼촌 YJ가 미국에 출장 왔다가 나를 만나러 왔다. 어머니는 할머니, 할아버지와의 약속대로 대학을 마칠 때까지 나를 만나지 않기로 했기 때문에 당신의 형제를 보낸 것이다. 외삼촌 말로는, "대수네 아파트로 올라가보니 가관이더군. 어찌나 지저분하고 어수선한지 꼭 전쟁터 같더라니까. '대수 한 포토그라피'라고 씌어 있는 방문을 두드렸더니, 아무 대답이 없더군. 전갈이라도 남기려고 이웃집 문을 두드리니까 험상궂은 호모가 병든 개를 데리고 나오지 뭐야. 그래서 내가 시티 스퀘어 인에 묵고 있으니 전화하라고 전해 달라, 그리고 뒤도 안 돌아보고 나왔지."

나중에 호텔로 찾아가니 외삼촌이 어머니 소식을 전해주었다. 내가 잘 있는지 걱정하고 있으며 나를 보고 싶어한다고. 외삼촌은 거지 같은 내 몰골에 경악을 금치 못했다. 그 시절 나는 바지 한 벌을 사면 구멍이 날 때까지 벗지 않았다. 그러니 개도 도망갈 만큼 고약한 냄새가 났으리라. 외삼촌은 인내심이 대단하고 위엄 있는 분이었다. 머리를 깎고 오라며 내게 100달러를 주었는데, 그 돈으로 새 카메라 렌즈를 장만하고 외삼촌한테는 가지 않았다. 어머니, 어머니! 내가 알지 못하는 낯선 이름. 나는 어머니에 대해 생각했고, 어머니를 기억해냈다!

1960년대 말은 음악의 혁명기이기도 했다. 딜런과 도노반이 포크 음악의 줄기를 바꾸었고, 헨드릭스와 클랩튼은 기타 사운드를 새로운 차원으로 끌어올렸다. 폴 버터필드와 존 메이올은 흑인 블루스를 뿌리부터 갈아엎었고, 비틀즈, 롤링 스톤스, 애니멀스, 후, 그리고 좀 뒤에 나타난 레드 제플린을 앞세운 대대적인 '영국의 침공'이 있었다. 혁신적인 록 프로모터인 빌 그레이엄은 뉴욕과 샌프란시스코에 각각 '필모어 이스트'와 '필모어 웨스트'라는 경기장 크기의 콘서트 홀을 세웠다. 이 두 곳이 '플라워 제너레이션'의 진원지였다. 저녁 콘서트에는 보통 톰 러시, 찰스 로이드, 지미 헨드릭스가 등장했고, 수천 명의 젊은이들이 모여들었다. 나는 그 열기 속에서 여러 날을 보냈다. 마리화나 냄새와 인간애가 가득한 공연장에서 그들은 자신들의 유토피아를 찾아냈다.

온 동네가 공동체가 되어 서로 도우며 지냈다. '디거의 공짜 가게'(디거는 음식물 따위를 대주는 일을 하는 히피를 말한다)에서는 옷이나 접시나 가구까지 공짜로 집어갈 수 있었다. 내 아파트의 가구들도 모두 거기서 구한 것들이었다. '패러독스'라는 음식점도 있었는데, 메뉴는 밥과 콩뿐이었지만 돈은 얼마를 내든 괜찮았다. 10센트를 내도 되고 아예 안 내도 되었고, 돈이 있으면 동료 히피들을 위해 2달러를 내도 좋았다. 센트럴 파크에는 '비인(Be-In)', '러브인(Love-In)' 같은 행사에 수천의 군중이 몰려들었다. 여자들은 블라우스를 벗고 브래지어를 태웠으며, 흑인들은 주먹을 높이 쳐들고 '블랙 파워'를 선언하면서 행진했다. 게이들조차 '게이 프라이드'를 외치며 커밍 아웃을 했다. 그야말로 사회질서에서 완전히 이탈한 시기였다. 앨런 긴즈버그의 시, 윌리엄 버로스의 《벌거벗은 점심》, 스탠리 큐브릭의 〈2001 스페이스 오디세이〉, 그리고 짐 모리슨의 〈Light My Fire〉가 이 대항문화의 엔진에 기름을 붓고 있었다.

나는 광고, 컬러, 인물 사진 과정을 높은 성적으로 이수하고 드디어 학교를 마쳤다. 나는 사진과 사랑에 빠졌다. 욕실에 암실을

1960년대 말. 센트럴 파크에서 열린 반전 시위 '비인'에 수천의 군중이 몰려들었다.

꾸몄는데, 나는 보통 100피트짜리 필름을 사서 작업했다. 동료 작가들과 사진 이야기를 하는 것도 무척 즐거웠다. 우리는 조명, 구도, 데이비드 더글러스 덩컨과 유진 스미스의 작품에 대해 의견을 주고받았다. 학교엔 예술적이고 창조적인 공기가 가득했다. 나는 모두에게 "《라이프》지에서 만나자"고 작별 인사를 했다. 미스터 호와 아름다운 웨이터들한테도 인사를 했다. 관대하고 함께 일하기가 재밌는 사람들이었다. 나는 '블로 업' 스튜디오의 조수로서 사회에 첫발을 내디뎠다. 《아방가르드》지에 사진을 많이 제공한 스튜디오로, 최초로 전라 사진을 프린트한 급진적인 작가 랠프 긴즈버그가 운영하는 곳이었다.

베트남 전쟁이 한창일 때였다. 미군 폭격기가 밤이고 낮이고 북베트남 전역에 융단폭격을 하고 있었다. 미군들 시체가 부대에 싸여 돌아오는 광경은 미국의 양심을 괴롭혔다. 젊은이들은 왜 호치민에 대항하는 부패한 고 딘 디엠 정권을 유지하는 데 희생 제물이 되어야 하는지 납득할 수 없었다. 호치민은 프랑스 식민주의를 성공적으로 물리친 애국자이자 위대한 시인이다. 그는 선언했다. "베트남인에게는 오로지 두 가지 길밖에 없다. 미국의 노예가 되느냐, 승리냐. 다른 대안은 없다. 독립과 자유보다 더 귀중한 것은 없다. 승리가 오면 우리 국민은 조국을 다시 건설할 것이다." 호치민은 자신의 꿈이 실현되어 열매를 맺는 걸 지켜보지 못하고 1969년 9월 세상을 떠났다. 사이공은 1976년 호치민 시로 개명되었다. 베트남이 다시 통일된 것이다.

The clouds embrace the peaks
The peaks embrace the clouds

The river below shines
Like a mirror
Spotless and clean
On the crest of the western mountains
My heart stirs
As I wander
Looking toward the southern sky
And dreaming of old friends
—Ho Chi Minh from his prison in China

구름은 산봉우리를 감싸고
산봉우리는 구름을 감싼다
그 아래 강은 거울처럼
티 하나 없이 맑게
빛나고 있다
남쪽 하늘을 바라보며
옛 친구들을 꿈꾸며
헤매노라면
서산 봉우리에서
내 마음만 오락가락하네
—중국의 옥중에서 호치민

마약문화도 대가를 치르고 있었다. 어느 날 밤, 웬 여자의 날카로운 비명 소리에 벌떡 일어났다. 곧바로 "쿵" 하는 소리가 크게 울렸다. LSD에 취한 남자친구가 환각에 빠져 창문에서 뛰어내린 것이다. LSD에 취해 20일 내내 거리에 쭈그리고 있는 젊은이들도 심심찮게 눈에 띄었다. 그들의 마음은 우주 어딘가에 있었지만 육체는 썩어가고 있었다. 이 모든 혼돈 속에서 나 역시 어지러웠다.

나는 스튜디오에서 시간당 2.5달러라는 최저임금을 받았다. 이 돈으론 입에 풀칠하기도 힘들었다. 나는 커피숍에서 20센트짜리 커피를 한 잔 시켜놓고 누군가 나가기를 기다렸다. 나가는 사람이 있으면 잽싸게 그 자리에 앉아 토스트나 달걀 찌꺼기를 먹어치웠다. 가족들하고도 관계가 좋아지지 않았다. 자주 다투었고, 식구들은 내 생활방식이나 외양을 비난했다. 룸메이트인 알은 미국의 군사정책과 잃어버린 유토피아에 실망한 나머지 호주 이민을 결심했다. 우리는 서로 시를 교환하고 작별 포옹을 했다. 모두들 어디론가 떠나는 듯했다. 너무 외로웠다.

어머니는 삼촌한테 내가 의기소침해 있다는 소식을 듣고 꾸준히 편지를 보냈다. 날마다 나를 위해 기도하고 있다고 했다. 어머니는 지금까지도 기도하는 걸 거르지 않는다. 나는 어머니의 기도를 느꼈다. 한국으로 돌아오너라. 오기만 하면 얼마든지 보살펴줄 테니. 어머니는 그렇게 손짓하고 있었다. 나는 지쳤고, 절망에 빠져 있었다. 카메라 가방과 기타를 챙겨 노스웨스트 항공기를 타고 서울로 향했다.

떠날 때 이웃에 사는 에이미에게 남은 돈 2달러와 갖고 있던 물건들을 모두 주었다. 아이가 넷이나 딸린 덩치 큰 흑인 여자였는데, 넷째 아이가 태어나자 남편이 달아나버렸다고 했다. 가난과 무지에 갇힌 인생이었다. 그 여자는 사는 게 아니라 죽어가고 있었다. 게다가 열네 살짜리 딸은 임신한 몸으로 늘 징징대고 있었다. 그녀가 탈없이 지내기를 빌었다.

> Oh lord I'm kneeling with my hands up in my ears
> My baby's crying but I ain't got no food tonight
> My man took off and he died drunk a year ago
> My girl she's lying with her bellys all stuck out

My girl she's lying with her bellys all stuck out
Oh lord I'm sick in my side

I am a widow and I got my seven kids
I am a widow and I got my seven kids
All the living people they're asking me to pray
They say that you're the only one who could save
They say that you're the only only only one who could save
Oh give me death lord—All I want
Want is want is want
Give me death death death! 〈Widow's Theme〉

오 주여 이렇게 귀를 막고 무릎을 꿇었어요
아이는 빽빽 우는데 먹을 게 하나도 없어요
남편은 떠나가서 1년 전 술에 취해 죽었구요
딸은 남산만한 배를 안고 누워 있어요
딸은 남산만한 배를 안고 누워 있어요
이 몸은 옆구리가 쑤신답니다

난 자식이 일곱이나 딸린 과부라구요
난 자식이 일곱이나 딸린 과부라구요
살아 있는 자들은 모두 나더러 기도나 하라죠
날 살려줄 수 있는 건 오직 주님뿐이라고요
날 살려줄 수 있는 건 오직 오직 오직 주님뿐이라고요
오 주여 날 좀 죽여줘요. 내가 바라는 건
바라는 건 바라는 건
날 좀 죽여줘요, 죽여줘, 죽여달라구! 〈과부타령〉

2부 겨울공화국의 히피

1968년 봄, 서울

　　　　　　　　　　　　바깥으로 내려다보이는 구름은 포근하고 부드러웠다. 10년 만에 어머니와 조국을 다시 보게 된 설렘과 희망을 감싸주듯이. 1968년 봄, 노스웨스트 항공기가 동해를 싸안으며 서울로 날아가고 있었다. 가슴이 쿵쿵 뛰었다. 나도 모르게 손톱을 물어뜯었다. 이제 한 시간 뒤면 한 여인의 품에 안길 것이다. 지금까지 어머니의 자리에 있지 않았던 여인에게.

　내 나이 열 살 때, 어머니는 할아버지 집 앞에서 나를 끌어안고 울었다. 내 옷은 어머니가 안겨준 초콜릿과 사탕으로 범벅이 되었다. 대학 총장이었던 할아버지의 집은 교수 사택 뒤쪽에 있었는데, 장미 정원이 피라미드 모양으로 뻗어 있는 큰 저택이었다. 어머니는 그 집에 들어오느라 경비원들에게 뇌물을 줘야 했다. 단지 나를, 당신이 낳은 하나뿐인 아들을 만나려고 말이다! 그것이 마지막으로 본 어머니의 모습이었다. 어머니와 헤어지고 나서 나는 계단을 올라 라틴어, 히브리어, 독일어, 영어로 된 책들이 빽빽이 꽂혀 있는 내 방으로 들어갔다. 그리고 아무것도 없는 휑한 벽을 물끄러미 바라보았다. 그러자 바다가 내게 노래를 들려주었다.

저 넓은 정원 뒤를 잇는 장미 꽃밭 높고 긴 벽돌담이 저택을 두르고
앞문에는 대리석과 금빛 찬란도 하지만 거대함과 위대함을 자랑하는
그 집의 이층 방 한구석엔 홀로 앉은 소녀
아아 슬픈 옥이여 아아 옥이여
백색의 표정 없는 둥근 얼굴 위 빛 잃은 눈동자는 하얀 벽을 보며
십칠 년의 지난 인생 추억 없이 넘긴 채 명예와 재산 속에 사는 부모님 아래
아무 말도 없이 아무 반항도 없이
아아 슬픈 옥이여 아아 슬픈 옥이여 〈옥의 슬픔〉

그렇다. 나는 서울로 돌아왔다. 어머니는 이제 30대 후반이 되었다. 당신은 대대로 사업을 하는 집안의 딸이었다. 어머니의 집은 명륜동에 있었는데 나는 거기서 조금 떨어진 별채에 살게 되었다. 어머니가 내게 바라는 것은 아주 평범했다. 사회에서 존경받는 사람이 되고 좋은 여자와 결혼하는 것. 그러나 나를 처음 본 순간, 어머니는 절망과 두려움을 느낀 듯했다. 어깨까지 치렁치렁 내려온 긴 머리, 더부룩한 수염, 지저분한 몰골, 게다가 세상일에 무관심한 태도. 나는 다른 세계에서 온 사람이었다. 당신은 전혀 이해할 수 없는 그런 세계에서. 난 〈Purple Haze〉(지미 헨드릭스의 노래)에 나오는 유령이었다. 〈Lucy in the Sky with Diamonds〉(비틀즈의 노래)의 루시였고, 〈Backdoor Man〉(도어스의 노래)이었다. 나는 존 레논이 〈Cold Turkey〉(마약을 끊을 때 오는 금단현상)에서 무엇을 말하려 했는지를 알았다.

며칠 전만 해도 나는 마리화나와 향냄새가 뒤섞여 흐르는 뉴욕

서울로 돌아온 나. 처음에 있던 어머니 집에서 쫓겨나 내 보금자리를 마련했다.

이스트빌리지의 세인트 마크스 플레이스 거리를 걷고 있었다. 거리의 행상들에게 "평화와 사랑이 있기를, 형제여" 하고 외치면서, 일렉트릭 서커스(유명한 디스코테크)에서 터져나오는 체임버스 브라더스의 카우벨(cowbell, 무도음악에 쓰이는 타악기) 소리에 열심히 귀를 기울였다. 어떻게 어머니가 그런 나를 이해할 수 있을까?

  미국 사회는 이른바 '히피운동' 또는 '플라워 파워'라는 반문화의 혼란 속에 빠져 있었다. 완전히 새로운 세대가 부모 세대의 낡은 도덕적 관습을 부정하고 공격했다. 밥 딜런이 외쳤듯이 "시대가 곧 변화(Times they are a changing)"였다. 그들은 유토피아의 꿈을 발견했다고 생각했다. 그리고 우리나라는 오랜 전쟁과 전후의 빈곤에서 막 벗어나려 하고 있었다. 박정희라는 강력한 지도자의 주도 아래, 절망에서 벗어나 세계경제의 주류 속에 편입하기 위해 애쓰고 있었다. 여기에 내가 온 것이다. 스스로에게 역설을 던지며.

조국에서 노래할 수 있다

나는 고등학교 시절부터 자연스럽게 노래를 부르고 기타를 쳐왔다. 친구 김형수한테서 〈목포의 눈물〉첫 소절을 배운 뒤로 늘 그랬다. 그때 난 아주 열심이었다. 김형수는 지금 서울의 유명한 은행에서 간부로 일하고 있다. 만날 때마다 고개를 숙이고 "선생님" 하고 깍듯이 인사를 하면 그는 웃음을 터뜨렸다. 아, 그 시절 나는 엘비스를 흉내내려고 얼마나 애를 썼던가. 그의 깊은 바리톤 음성을 따라하고 싶어서 얼마나 입술을 문지르고 비틀고 내밀었던가.

서울로 돌아와 처음으로 들러본 곳은 '퀸 살롱'이라는 동네 다방이었다. 들어가보니 젊은 대학생들이 가짜 커피(커피 냄새만 나는 차. 수입 커피 값이 비싸서 콩가루를 커피에 섞어 마셨다)를 앞에 놓고, 고개를 숙인 채 비틀즈와 롤링 스톤스를 들으며 옹기종기 모여 앉아 있었다. 나는 속으로 '우와!' 하면서 이제 우리나라에서도 좋은 음악을 듣는구나 싶어 DJ에게 다가가 노래를 불러도 되겠느냐고 물었다. DJ는 직접 노래하는 건 안 되고 대신 듣고 싶은 노래가 있으면 무엇이든 신청하라고 했다. '안 된다'는 소리를 이해할 수 없었다. 보스턴과 뉴욕의 커피점에서는 얼마든지 내 노래를 할 수 있었다. 미국의 포크 가수들은 노래가 끝나면 으레 모자를 돌렸고, 그날 하루는 따뜻하게 배를 채울 수 있었다. 피트 시거가 그렇게 노래를 시작했다. 밥 딜런도, 사이먼과 가펑클도, 조니 미첼도, 필 오크스(위대한 작곡가인데 슬프게도 1984년 무렵 뉴욕에서 목을 매달아 자살했다)도 그랬다.

DJ는 무교동에 가면 '세시봉'이란 곳이 있는데 거기서 주인이 내 노래를 마음에 들어하면 노래를 할 수 있을 거라고 귀띔해주었다. 나는 고맙다고 인사하고 그곳을 나왔다. 손에는 고야 기타를 들고, 한국의 다방들은 이름이 참 재미있다고 중얼거리면서.

> Set aside all my days and I sink to your thoughts
> Make a mind that I'll go through my pinning pains
> Realize that your love will last forever more
> And I know I'll live till I die
> When all My song's been sung I'll
> See my grass of green
> When all my fight's been fought I'll
> Hear your joyous screams till that day
>
> 해가 내려가면 그대의 생각 소식도 이유도 없는 추억들
> 고통의 가시밭 안에 눌린 맘 나는 또 홀로 외치네 〈Till That Day〉

코를 찌르는 낙지구이 냄새를 슬슬 피하여 무교동의 좁은 거리와 골목을 찾아 들어가니, 불어로 'C'est si bon'이라고 씌어 있는 간판이 나를 반겼다. 키가 크고 몸집이 우람한 40대 중반의 남자에

게 주인을 만나고 싶다니까, 자기가 주인이라고 했다. 그는 내 긴 머리와 핏기 없는 얼굴, 베트남식 장화와 손에 든 기타를 보더니 "여기서 노래를 부르고 싶은가?" 하고 물었다. 뉴욕에서 온 포크 가수인데 내가 만든 곡을 불러도 좋겠느냐고 하자, 그는 웃으며 말했다. "좋아, 오늘밤이라도 부를 수 있지. 뭐 먹고 싶은 건 없나?"

자장면을 게걸스럽게 먹어치우고 내 노래를 선보일 준비를 했다. 도마에 오른 생선이 된 것 같은 기분이었다. 그날 밤 공연은 이백천이라는 아주 유명한 사람이 사회를 보았다. 그는 가요계에 대단한 영향력을 행사하던 평론가로, 당시 인기를 모았던 TBC 텔레비전 쇼의 PD이기도 했다. 트윈폴리오의 송창식과 윤형주가 에벌리 브라더스의 노래와 한창 뜨고 있던 〈하얀 손수건〉을 부르면서 공연이 시작되었다. 조영남이 오페라를 부르듯 우렁찬 음성으로 톰 존스의 〈딜라일라〉를 불러 다방을 가득 채운 200명의 관중을 열광시켰다. 그 노래는 조영남의 많은 히트곡 가운데 하나가 되었다.

담배 연기가 가득 찼고, 젊은 아가씨들이 눈동자를 빛내며 다음엔 무엇이 나올까 기다리고 있었다. 그곳은 젊은이들이 자신의 마음을 대변해주는 음악을 벗삼아 자유롭게 의식과 영혼을 나누는 참으로 귀한 공간이었다. 이백천 씨가 말했다. "오늘밤에는 아주 특별한 손님이 오셨습니다. 이 젊은이는 여러분에게 노래를 들려주려고 뉴욕에서 여기까지 날아왔습니다. 이름은 한대수!" 박수 소리가 작았다. 그러나 치렁치렁한 머리에다 가슴팍에는 조그만 하모니카가 달린 철제 받침대를 건 특이한 사람이 나타나자 박수 소리가 점점 커졌다. 그때까지 그런 사람을 본 적이 없었던 것이다. 내 모습만으로도 여기저기서 수군거리기 시작했다.

인사를 하고 의자에 앉았다. 내가 어디에 있는지, 무얼 하고 있

1969년 남산 드라마센터에서 첫 번째 '리사이틀'을 가졌다. 그때는 콘서트를 그렇게 불렀다.

는지 알 수가 없었다. 수백 개의 눈동자가 나를 꿰뚫는 것이 느껴졌다. 아무것도 떠오르지 않았다. 첫 소절의 C코드를 쳤다. 주체할 수 없는 감정으로 하모니카를 불었다. 그리고 노래를 시작했다. "Set aside all my days……" 기타줄의 마지막 울림이 사라지자, 우렁찬 박수가 쏟아졌다. 그리고 정적이 찾아왔다. 사람들이 나를 받아들였다. 그들은 내 음악을 사랑한다. 이제 한국, 내 조국에서 노래할 수 있다.

무대 뒤에서 듣던 사람들과 공연자들도 모두 눈을 크게 뜨고 '고요한 아침의 나라'에 착륙한 이 희한한 짐승에게 강렬한 호기심을 보였다. 당신 머리는 왜 그렇게 긴 거요? 인생철학이 뭡니까? 이 노래들을 만든 사람은 누구요? 그런 행색은 내가 좋아서 하고 다니는 거고, 내가 부른 노래들은 모두 내가 직접 만든 거라고 대답하자, 사람들은 모두 무척 놀라워했다. 내면의 감정을 표현하기 위해 스스로 노래를 만든다는 발상은 당시 우리 음악계에서는 매우 생소한 것이었다. 게다가 정식 음악교육도 안 받았다니 더 놀랐겠지.

그때는 남진과 나훈아, 〈동백아가씨〉의 이미지가 가요계의 정상을 달리던 시절로, 노래 한 곡마다 작곡가, 작사가, 가수가 모두 달랐다. 나는 노래를 만들어 자기 생각을 자기 식대로 표현할 수 있는데 굳이 남의 노래를 불러야 할 이유가 있느냐고 동료 음악인들에게 말했다. 코드 세 개와 기타 한 대, 그리고 자기가 하고 싶은 말에 대해 확신만 있으면 된다. 물론 마지막 것이 가장 어렵지만. 우리가 좋아하는 곡은 대개 세 개나 네 개의 코드로 되어 있다.

내가 우리 음악계에 기여한 바가 있다면, 아마도 자작곡의 문을 여는 데 도움을 준 게 아닐까 싶다. 곧 송창식이 자신이 만든 노래들을 부르기 시작했고, 김민기가 등장했으며, 뛰어난 신세대 작곡가들이 줄을 이었다. 마침내 우리나라에도 우리 젊은이들에게 호소하는 음악이 탄생했다. 코드는 비록 서양 것이었지만 내용은 순수하게 한국적이었다. 송창식은 고래사냥을 노래했고, 김민기는 소외와 희망을, 나는 내 마음에 다가오는 모든 것을 노래했다. 그것은 이웃집 딸일 수도 있고, 내가 마시는 술일 수도, 또 여자친구일 수도 있었다. 이 시기가 바로 '통기타 세대'를 낳았다. 대학생들도 기타를 들고 노래를 만들기 시작했다. 음악의 수준은 아무 문제가 아니었다. 그것은 위대한 출발이었기 때문이다.

'최초의 히피, 한국에 등장하다'

이백천 씨의 도움을 받아 곧 텔레비전에 출연하게 되었다. 첫 출연의 기억은 아직도 생생하다. 김동건 씨가 사회를 보는 명랑백화점이라는 프로그램이었다. 극도로 긴장이 되었지만, 몸을 흔들고 기타와 하모니카를 한꺼번에 연주하면서 '행복의 나라'로 나아갔다. 관객들은 어이없어했다. 할 말도, 생각도 잊은 듯했다. 난생처음 보는 광경이었던 것이다. 남진의 부드러움과는 거리가 먼 목소리, 동물적인 무대 매너, 흐트러진 장발……. 거리에 나서면 사람들은 예외 없이 "당신 도대체 남자요, 여자요?" 하고 물었다. 글쎄요, 나도 모르겠는데요, 하면 화를 내면서 욕설을 퍼붓곤 했다. 사회자인 김동건 씨도 노래를 듣고 당황해서, 악단장 이봉조 씨에게 내 음악을 어떻게 생각하느냐고 물었다. 이봉조 씨는 씩 웃으며 말했다. "좀 낯설지만 재밌잖아요?" 그렇게 멋진 평을 해준 이봉조 씨에게 지금도 감사한다. 이제는 고인이 된 그분의 명복을 빈다.

텔레비전 방송 초창기라 부잣집을 빼고는 마을에 TV가 한 대밖에 없는 경우가 많았다. 저녁 무렵이면 동네 사람들 이삼십 명이 브라운관 앞에 모여 눈을 동그랗게 뜨고 TV를 보았다. 그러다 보니 시청률이 100%에 가까웠다. 우리 어머니는 내가 맨 처음 TV에 나온 모습을 보고 울었다. 기뻐서가 아니라 부끄러워서였다. 어머니는 어려서부터 클래식 피아노를 연주했고, 대중음악은 음악도 아니라고 생각하고 있었다. 관습이나 통념과는 거리가 먼 내 음악에 대해서야 더 말할 나위도 없었다. 어머니는 내게 음악활동을 그만두라고 간곡히 말했다. 그러겠다고 했지만 그 뒤로 TV 출연 제의가 더 들어왔다. 펄 시스터즈, 정훈희와 트윈폴리오, 그 밖의 여러 가수들과 함께였다. 그런데 그때마다 내가 누구와도, 어떤 것과도 어울리지 않는다는 느낌을 지울 수가 없었다.

내가 있을 자리와 내 음악에 대해 끝없는 고민이 이어졌다. 노래를 하긴 했지만 마치 화성에 있는 것 같았다. 사람들도 나를 화성인으로 여기는 것 같았다. 관객들은 노래를 듣는 게 아니라 긴 머리를 구경하고 있었다. 마치 동물원의 동물인 것처럼. 그렇게 고립감에 싸여 지내던 어느 날, TV 스튜디오에서 막 노래를 부르고 나왔을 때 웬 아름다운 여자가 내 앞에 나타났다. 그녀는 나더러 냉면을 좋아하느냐고 묻고는 방송국에서 바로 몇 미터 떨어진 곳에 서울에서 냉면을 제일 잘하는 집이 있다며 함께 가자고 했다. 나는 어안이 벙벙해서 그저 고개만 끄덕였다.

그녀의 이름은 혜전, 반짝이는 눈동자에 키가 큰 미인이었다. 목소리는 백두산에 쌓인 눈이라도 녹여버릴 듯싶었다. 그 목소리로 나를 '달링'이라고 불렀다. 줄리 크리스티가 출연한 영화 〈달링〉이 전세계는 물론 우리나라에서도 크게 히트하고 있을 때였다. 혜전은 연속극에 조연으로 출연하는 TV 탤런트였다. 그녀는 언제나 외롭고 누구에게나 비난만 받던 나의 존재를 긍정하고 복잡한 세계를 이해해주었다. 무엇보다 내 음악을 사랑했다. 혜전은 내 전부였다. 우리는 서로의 TV 프로그램이 끝나기를 기다렸다가 손을 잡고 거리를 누볐다. 아무것도 필요 없었다. 사람들은 내 긴 머리를 보며 눈살을 찌푸렸지만, 난 구름을 타고 하늘을 둥둥 떠다녔다. 사랑에 빠진 것이다.

우리는 오비스 캐빈에 들러 파라다이스(그때 아주 인기 있던 사과주) 두 병을 홀짝거리며 어린아이들처럼 키득거리고 서로를 사랑스레 어루만졌다. 추운 날이면 그녀는 내 두 손을 자신의 허벅지 맨살에 얹고는 손가락으로 내 머리를 부드럽게 쓰다듬었다. 마포에 있는 그녀의 아파트에서 순수한 사랑의 황홀경에 싸여 숱한 밤들을 보냈다. 우리 둘은 망각의 바다에 깊이 잠겨들었다. 어둠에 덮인 이른 새벽, 혜전의 아파트에서 나와 두 손을 주머니에 찌르고 거리를 두둥실 떠다니면서 나는 노래를 불렀다.

    주머니에 손을 넣고 거리를 걸어
    끝없이 끝없이 기억을 하며
    이것이 사랑인지?

    가로등 쳐다보며 새벽은 밝고
    바람은 내 머리를 가볍게 휘날리며
    이것이 사랑인지?

    비는 유리창을 치고 튕기며
    보이는 두 눈 보이는 그 얼굴
    이것이 사랑인지? 〈사랑인지?〉

내 얼굴이 TV에 곧잘 비치게 되자, 대중과 언론들이 차츰 관심을 보였다. 당시는 주간지 시대라고 할 만큼, 사생활 폭로나 가십 기사들로 지면을 장식하는 주간지들이 판치고 있었다. 어디나 그렇지만 우리나라 사람들도 가십에 관심이 많았고 영화배우와 가수들의 시시콜콜한 뒷이야기를 좋아했다. 미국이나 매한가지였다.

완벽한 영어를 구사하는 기자 한 명이 인터뷰를 요청했다. 《주간 중앙》이라는 잡지를 창간하려는데 특집기사로 내 이야기를 싣고 싶다며 장시간 인터뷰를 할 수 없겠느냐고 했다. 나는 쾌히 승낙했다. 이 인터뷰를 통해 음악 경력을 좀더 풍부하게 할 수도 있겠구나 기대하며 잡지사로 갔다. 기자와 나는 이러저런 농담도 해가며 미국 문화의 이모저모와 히피운동에 대해 무척 자유롭게 의견을 나누었다. 기자에게 그리니치빌리지와 스패니시 할렘가를 떠돌며 지내던 시절 이야기도 해줬고, 10대에 겪었던 갖가지 특이한 사건도 이야기했다. 섹스와 마약, 로큰롤 이야기가 자유로이 오갔고, 우리는 서로의 견해를 귀담아 들었다. 만족스레 대화를 끝내고는, 이야기를 들어줄 좋은 친구가 생겼다고 기뻐하며 잡지사 문을 나섰다.

그러나 일요일 날, 잡지에 실린 기사는 내 뒤통수를 쳤다. '최초의 히피, 한국에 등장하다'라는 헤드라인 옆에 어디서 찍었는지 지저분한 장발에 음산한 표정을 짓고 있는, 기괴하기 짝이 없는 내 사진이 실려 있었다. 곧바로 사람들의 반응이 몰아닥쳤다. 신문 잡지의 독자투고란에는 내게 비난을 퍼부으며 우리나라를 떠나라고 닦달하는 편지들이 잇따라 실렸다. 사람들은 내가 자신의 아들딸을 악마의 음악인 로큰롤은 물론이고 프리 섹스와 마약의 세계로 유혹할까 봐 두려워했다. 나는 완전히 부서졌다. 기자는 내가 좋은

의도를 지닌 진지한 싱어송라이터라는 점에 대해서는 한 줄도 쓰지 않았다. 어머니는 그 기사를 읽고 다시 눈물을 지었다. 마치 어머니를 괴롭히려고, 평온하고 유복한 어머니의 인생에 풍파를 일으키려고 조국에 돌아온 거나 다름없었다. 나는 숨조차 쉴 수가 없었다. 행인들의 차갑고 사나운 눈초리 때문에 거리에 나갈 수도 없었다.

　이튿날, 이백천 씨의 TV쇼에 출연하기로 되어 있던 나는, 그를 붙잡고 분노와 실망을 토로했다. 하지만 그는 별로 놀라지 않았다. 오히려 어떤 식으로든 대중에게 이름이 알려지는 것이 신인 가수에게 유리한 일이며, 그 기사로 얻게 된 악명을 잘 활용하는 게 좋겠다고 했다. 친척들은 기사가 왜곡되었다는 반박문을 신문에 실으라고 했다. 보수적이고 인습에 얽매인 나라에 대항문화를 창조하기 위해서 온 진지한 음악인이지, 히피가 아니라는 사실을 밝혀 오명을 씻으라는 거였다. 하지만 내 이름이 다시 신문 지상에 오르내리고 나를 둘러싼 논쟁이 꼬리를 물 것을 생각하니, 가만히 뒤로 물러나 대중들의 기억에서 빨리 사라지기를 바라는 게 나을 것 같았다. 나는 방에 드러누웠다. 참담하게 패배한 채, 깊은 고통의 심연으로 빠져들었다. 그때 갑자기, 벽 저 위쪽 작은 창으로 떠들썩한 소리가 들려왔다. 구슬치기를 하며 노는 아이들 소리가. 아, 어쩌면…… 희망이 있지 않을까?

　　장막을 걷어라 나의 좁은 눈으로 이 세상을 떠보자
　　창문을 열어라 춤추는 산들바람을 한 번 또 느껴보자
　　가벼운 풀밭 위로 나를 걷게 해주세 봄과 새들의 소리 듣고 싶소
　　울고 웃고 싶소 내 마음을 만져줘 나는 행복의 나라로 갈 테야

접어드는 초저녁 누워 공상에 들어 생각에 도취해서
벽의 작은 창가로 흘러드는 산뜻한 노는 아이들 소리
아! 나는 살겠소 태양만 비친다면 밤과 하늘과 바람 안에서
비와 천둥의 소리 이겨 춤을 추겠네 나도 행복의 나라로 갈 테야

고개 숙인 그대여 눈을 떠보세 귀도 또 기울이세
아침에 일어나면 자신 찾을 수 없이 밤과 낮 구별 없이
고개 들고서 오세 손에 손을 잡고서 청춘과 유혹의 뒷장 넘기며
광야는 넓어요 하늘은 또 푸르요 다들 행복의 나라로 갑시다 〈**행복의 나라**〉

드라마센터 콘서트

내 사랑 혜전한테서 나는 위안을 찾았다. 그녀는 내 마음을 달래주었다. "걱정 말아요. 당신은 작곡 실력이 뛰어나니까, 언젠가는 사람들이 당신 노래를 부를 거예요!" 많은 밤을 혜전의 아파트에서 함께 보냈고, 혜전도 차츰 내 방으로 군고구마며 오징어튀김을 사들고 찾아왔다.

어느 날 아침 둘이 부둥켜안고 침대에 누워 있을 때였다. 갑자기 방문이 홱 열렸다. 우리는 기겁해서 일어났다. 어머니는 두 눈에 불을 켜고 소리쳤다. "당장 나가라, 이놈! 지금 당장! 감히 내 집에 갈보를 들이다니!" 그렇게 어머니의 집에서 쫓겨났다. 초겨울, 눈발이 하나둘 날리고 있었다. 기타와 몇 가지 물건을 구루마에 싣고, 식모 순이에게 불붙은 연탄을 한 장 달라고 했다. 그러고는 '구루마 아저씨'를 따라 왼손에 연탄을 들고 성균관대 뒤쪽 언덕빼기에 있는, 조그만 부엌이 딸린 방으로 옮겨갔다.

이제부터 이곳이 새로운 안식처가 될 것이다. 난 혼자 힘으로 생활을 꾸려가야 한다. 밥도, 생활도, 무엇도 공짜로 얻을 수는 없다. 새 보금자리는 얼마나 멋진지. 방 뒤로 동굴 같은 것이 있어서 아무리 큰 소리로 노래를 불러도 상관이 없고, 여름이면 바람이 술술 들어와 선풍기가 따로 필요 없었다. 게다가 주인 아줌마는 마음씨가 참 고운 분이었다. 그 아줌마의 따스한 인정이 아직도 잊히지 않는다. 아줌마에게는 아주 귀여운 아들이 하나 있었지만, 남편은 대책 없는 알코올 중독자였다. 날마다 싸구려 막걸리나 소주로 곤죽이 되어서는 12시 통행금지 직전에야 들어왔다. 다시 한 번 나는 인생이란 얼마나 불공평하냐고 혼자 뇌까렸다. 그렇게 마음씨도 겉모습도 아름다운 여인이 그런 참담한 인생을 살아야 하다니. 아아, 모든 것이 헛되구나!

아들아 내 아들아
내 말 들으세 내 말을 이이이

저기 강 건너가면
높은 건물들 있다네 이이이

차와 술 취한 여자
조심하여라 조심해 이이이

아들아 내 아들아
날 잊지 말게 이 몸을 이이이 〈아들아 내 아들아〉

어머니 집에서 쫓겨나기 직전에 어느 여대생한테 전화를 받았다. TV에서 나를 봤다며 친구와 둘이서 기타를 배우고 싶다고 했다. 기타를 가르칠 실력이 안 된다고 했지만 꼭 배워야겠다고 고집을 부렸다. 이제 내 힘으로 먹고살아야 할 처지가 되자, 나는 기타

강습이라도 해서 돈을 벌기로 했다. 서울대에서 불문학을 전공하는 바둑과 이화여대에 다니는 금봉. 두 아가씨는 보기 드문 미인이었다. 우선 기본 코드와 쉬운 포크곡부터 가르쳤다. 알고 보니 두 사람은 내 음악의 진정한 팬이었다. 그들은 무척 부유한 집안 출신이었다. 게다가 돈이 취향을 만든다고, 더없이 세련되었고 편견이 없었다.

우리는 당시에는 보기 드문 우정을 키웠다. 그들은 때로는 먹을 것으로, 때로는 격려의 말로 내게 힘을 주었다. 왜 내 음악은 널리 퍼져나가 사람들의 마음을 감동시키지 못할까. 내 처지를 마치 자기 일처럼 가슴 아파했다. 햇살 눈부신 어느 날, 평소처럼 기타를 배우러 왔는데 왠지 모를 긴장감이 감돌았다. 무슨 일이냐고 묻자 바둑은 알려줄 소식이 있다고 했다. 드라마센터에서 리사이틀(당시에는 록 콘서트를 '리사이틀'이라고 했다)을 열도록 둘이서 후원해주고 싶다는 것이다. 난 귀를 의심했다. 그럴 리가 없어. 어디서 그런 돈을 구해? 게다

사진 공부를 한 경험을 살려서 내가 직접 디자인한 드라마센터 리사이틀 포스터.

가 당시 드라마센터는 '잘나가는' 공연장이었다. 두 사람은 틀림없는 사실이라고 나를 안심시켰다. 이미 예산도 짜놓았으니 걱정할 게 없다면서. 머릿속이 아득해졌다. 아무 생각도, 아무 말도 떠오르지 않았다. 하지만 꿈이 아니라 현실이었다.

리사이틀은 남산에 있는 드라마센터에서 1969년 9월 19일과 20일 이틀 동안 열기로 했다. 여름 내내 나의 좁은 방은 부산했다. 사

진을 공부한 경험을 살려 내가 노란색과 검정색으로 포스터를 디자인했다(철도 표지판에서 착안했다. 포스터란 모름지기 눈에 확 띄어야 하니까). 내 사촌은 포스터 부착 허가를 얻고 구두닦이 소년 스무 명을 시켜 시내에 포스터 붙이는 일을 맡았다. 바둑과 친구들은 문공부에 필요한 서류를 제출하여 콘서트 허가를 받기로 했다. 그 사이에 나는 쉬지 않고 연습했다. 지옥 같은 여름이었다.

트윈폴리오와 김홍철(이 멋진 친구는 스위스에서 공부한 요들송 가수다. 1997년 투어 콘서트 때 라디오 방송국에서 만났는데 서로 반가워서 어쩔 줄 몰라했다)에게 초대손님으로 와 달라고 부탁했더니 흔쾌히 승낙했다. 또 이백천 씨가 콘서트 사회를 맡아 성심성의껏 도와주었다. 나는 모든 노래의 첫 코드가 연주될 때 노래 제목을 무대에 비춰 달라고 조명감독에게 부탁했다. 사운드 시스템은 '기쁜소리'사가 맡아주었다. 이렇게 한국에서 첫 번째 콘서트 무대가 준비되었다. 터질 듯한 긴장감으로 쾌감마저 느껴졌다. 공중에 떠다니는 기분이었다.

콘서트가 내 자신과 청중에게 뜻 깊은 경험이 되기를 바랐다. 그러기 위해서는 시각·청각·후각, 이 세 가지 감각 모두가 깨어나야 했다. 칠흑 같은 어둠 속에서 똑딱똑딱 울리는 시계침 소리로 청중들의 기대를 고조시킨 다음 향을 피웠다. 한껏 고양된 500여 관객석으로 향냄새가 서서히 퍼져갔다. 그런 식으로 관객들을 사로잡은 뒤, 콘서트가 성공적으로 끝날 때까지 잠시도 놓아주지 않았다. 대단한 성공이었다. 무대에는 기타와 나 단 둘뿐. 눈부신 스포트라이트가 등 뒤에서 넘실거리고 톱 소리가 울부짖는 가운데 공연을 시작했다. 나는 사람들이 한 번도 들어보지 못한 소리를 창조하는 검은 그림자였다. 그것은 새로운 음악의 기괴한 자기 선언이었다.

드라마센터 리사이틀에서 노래하는 나. 머리 위로 향을 태운 연기가 퍼져 올라가고 있다.

나는 주어진 이 한 번의 기회에서 솔직하게 내 마음을 노래했다. 〈행복의 나라〉, 〈옥의 슬픔〉, 〈과부타령〉, 〈마지막 꿈〉, 〈고무신〉을 비롯하여 인도 음악과 종말론적인 사운드가 혼합된 〈여치의 죽음〉이라는 향토색 짙은 연주곡까지 모두 자작곡이었다. 공연은 장안의 화제가 되었고, 둘째 날 밤 콘서트는 매진이었다. 몸은 녹초가 되었지만 희열에 들떠 있었다.

어머니는 결국 내가 왜 노래를 부르는지 이해해주었다. 당신은 자랑스럽게 친구분들을 무대 뒤로 데려왔고 콘서트의 성공을 기념하여 금반지를 선물했다. 혜전도 다른 친구, 친척들과 함께 그 자리에 왔다. 하지만 나는 바둑과 금봉에게 큰 실수를 범했다. 고맙다는 인사도 제대로 하지 않은 것이다. 혼돈의 한가운데에서 얼이 빠진 채 그들에게 무심했다. 중대한 실수였다. 바둑과 금봉은 그날 밤 쓸쓸히 집으로 돌아갔다. 며칠 뒤 고마움을 전하려고 그들을 만났지만, 우리 사이는 이미 금이 가고 말았다. 앞으로 살아가는 데 필요할 거라며 입장료 수입 전액을 내게 건넸다. 한사코 사양했지만 소용이 없었다. 순수하게 내 음악을 사랑하는 마음과 호의에서 우러나온 행동이었다. 나중에야 나는 그들이 몇 달 동안 용돈을 모아 콘서트 비용을 댔다는 사실을 알았다. 바둑과 금봉의 아름다운 얼굴과 아름다운 마음씨는 지금도 잊혀지지 않는다. 그리고 행복했던 추억은 언제나 내 가슴에 소중히 남아 있다. 그렇게 우리는 헤어졌다.

잘 가세 내 친구 내 사랑 뜻없는 미소 남기며 시간 따라 가을 따라 그리움 없이
바람은 사자와 같이 울고 외치는 이 밤에 나는 또 고개 숙여 홀로 걷겠네

추억에 피여진 거리도 머리 구석에 남기며 잡고 싶던 옛 생각도 연기와 같이

눈물도 슬픔도 없이 단지 아픔만 남긴 채 구름 아래 저 언덕을 홀로 향하네

잘 가세 내 친구 내 사랑 흘린 땀도 어제였소 정든 얼굴 웃던 얼굴 꿈에 맡기며 찬바람 살바람 아래 옷도 벗겨진 나의 맘 내일 가고 으늘 오면 다시 찾으리
〈잘 가세〉

  콘서트 후유증을 앓으면서 인생의 공허함을 깨달았다. 몇 개월 동안 계속된, 영영 끝나지 않을 것만 같던 준비와 의논과 논쟁과 연습. 하지만 정작 공연은 한순간에 끝나버렸다. 나는 완전히 허탈감에 빠져 철저한 공허를 맛보았다. 몇몇 열성 팬이 꽃다발과 선물을 안고 자주 찾아왔지만 빈 가슴은 채워지지 않았다. 스스로에게 물었다. 이제 어떻게 하지?

  그해는 이별의 해였나 보다. 혜전과도 헤어진 것이다. 오해인지 제대로 안 건지 모르지만, 혜전의 인간관계를 의심하게 되었다. 일단 그런 느낌이 들자 다시는 그녀에게 돌아가지 않았다. 그때 나는 어렸고 충동적이었으며, 또 오만했다. 훗날 아내와 갓 결혼하고 함께 명동의 위스키 바(당시 인기 있던 술집)에 갔다가 혜전과 마주쳤다. 내가 그냥 피해버리자, 뭐 어떠냐는 듯 어깨를 으쓱해 보이며 경멸의 시선을 보냈다. 혜전은 품위 있고 아름답고 순결한 여자였다. 그녀가 가르쳐준 정열은 지워지지 않는 흔적이 되어 내 가슴에 남았다.

독재 치하의 아방가르드들

　　　　　　　　　　　나는 신촌에 있는 막걸리 집에 자주 다녔는데, 그 중에서도 홍대 미대생들이 주로 오는 엄마 빈대떡집이 단골이었다. 여느 때처럼 거나하게 취한 밤, 두꺼운 안경에 콧수염을 기른 재미있게 생긴 학생이 다가와 내 음악을 좋아한다고 말했다. 이름은 전국광이었고 조각을 전공하고 있었다. 우리는 친구가 되었다. 그의 인생관과 예술관이 마음에 들었다. 열띤 토론이 벌어졌고 통찰과 술로 점철된 많은 밤들이 이어졌다. 그는 진정한 지성인이었다. 가난한 집에서 태어났지만 그런 장애물을 뚫고 높은 예술적 성취를 얻어냈다.

　그는 훌륭한 시인이기도 했는데 시가 다소 급진적이라는 것도 마음에 들었다. 그래서 드라마센터에서 공연할 때 자작시를 낭송할 기회를 주었다. 그는 로드 매퀸 스타일을 따라 검은색 터틀넥 스웨터를 입고 무대에 올라 시를 낭송했다. "내 속에 간이 있다/던져버려/내 속에 심장이 있다/던져버려……." 그는 훗날 조각가로 명성을 얻어 유럽과 미국에서 전시회를 가졌다. 뉴욕 전시회에서 만났을 때 그는 그동안 세상과 우리 자신이 얼마나 변했는지를 이야기하며 즐거워했다. 그러나 그는 1990년 보트 사고로 죽었다. "없지만 있는 듯, 있지만 없는 듯, 그렇게 계세요. 자유-나" 그의 묘비명은 이렇게 새겨졌다. 삶과 죽음, 그것은 동전의 양면이었다.

유명한 연극배우였던 함형진은 명동 '딸라 골목'에서 '이사벨'이라는 찻집을 운영하고 있었는데, 거기서 처음 만났다. 이사벨은 옆 건물의 하드록 카페 '예스'와 더불어, 쫓아오는 경찰과 마라톤을 벌이다 간신히 도망쳐 들어온 장발의 비트족과 젊은 지식인들의 천국이었다. 함형진은 말투가 사근사근하고 화려한 친구였다. 그는 사무엘 베케트의 〈고도를 기다리며〉에서 훌륭한 연기를 보인 직후 전국적으로 주목받고 있었다.

정말 아이러니한 시대였다. 그렇게 억압적인 정부 치하에 그렇게 창조적인 활동들이 있었다니 말이다. 그 당시의 예술적인 성과는 무엇이든 창조성의 척박한 사막에 희망을 주는 오아시스와도 같았다. 우리는 함형진이 숭배하던 잭슨 파이브의 노래를 들으며 피난처 이사벨에서 수많은 오후를 보냈고, 그럴 때면 그는 나의 숙녀에게 던질 블루 한 개비를 뽑아주곤 했다. 우리는 포기하지 않고 계속 나아가도록 서로를 북돋워주었다.

어느 날은 우미회관에서 공연을 가졌다. 5인조 록 밴드가 한창 유행이던 오티스 레딩의 요란한 노래들을 연주하고 난 뒤, 바로 내 무대가 시작되었다. 나는 통기타와 하모니카를 들고 청중들에게 들리도록 고래고래 소리를 지르며 얼마 전에 지은 〈고무신〉을 불렀다. 내 마음에 힘을 주고자 만든 곡으로, '고기 많이 잡아오겠다'며 떠난 어부 아버지를 기다리는 아들에 관한 판타지였다. 희망과

내 친구 전국광(담배 문 사람). 드라마센터 콘서트 때 시낭송을 했다. 훗날 조각가로 명성을 얻었지만 고인이 되고 말았다.

열망의 음률 속에 넘쳐흐르는 상징성. 그런데 난데없이 박인수가 탬버린을 치며 심금을 울리는 목소리로 "좋아 좋아!" 하고 장단을 맞추며 나타났다. 관객들은 열렬한 기립박수를 보냈고, 나는 느닷없긴 했지만 때맞춰 나타난 박인수에게 고맙다고 인사했다. 우리는 금방 친구가 되었다. 그는 모성의 탯줄을 찢어내듯 소울이 충만한 목소리를 가진 거리의 철학자였다. 간간이 영어로 말했는데 그때마다 흑인처럼 지껄였다. 그는 수수께끼 같은 성장 과정을 증명이라도 하듯 얼굴은 한국인이되 흑인의 영혼을 가진 사람이었다. 우리는 둘 다 정체성을 잃은 자였다.

> 바람아 불어라 불고 불고 또 불어라
> 우리 아버지 명태잡이 내일이면 돌아온다
> 좋아 좋아 기분이 좋아
> 명태를 잡아오면 명태국도 많이 먹고
> 명태국이 나는 좋아 좋아 좋아 기분이 좋아
> 명태국을 먹고 나서 명태가 몇 마리 남는다면
> 나머지 명태를 팔아서 고무신을 사서 신고
> 저 언덕 위에 있는 우리 촌색시 만나러 간다
> 아이구 좋아 기분이 좋아 우리 촌색시하고 나하고
> 밝은 달밤에 손에 손잡고 아이구 좋아 기분이 좋아
> 우리 촌색시가 나는 좋아 그거는 그렇다 하고······ 〈고무신〉

함형진은 1980년대 초에 중동에서 분신자살했다. 보랏빛 러플 셔츠, 넘쳐나는 열정. 그는 성격도 의상도 화려하기 그지없었다. 왜 그랬는지, 그에게 묻고 싶다. 또 다른 친구인 화가 정찬승에게도. 우리는 나체 페인팅 쇼에서 만났다. 정찬승과 김비함이 정강자의 몸에 그림을 그리고, 나는 사진을 찍었다. 페인트가 피부에 착

색되지 않아 그 작업은 더 시끌벅적했다. 그 즈음 한국에서는 보디페인트를 구할 수가 없었다. 하지만 그들은 대중을 가르치려고 작심한 당대 아방가르드의 선구자였다. 어쨌든 우리는 《선데이서울》에 대형 화보로 실리게 될 괜찮은 사진 한 장을 용케 찍을 수 있었다. 정찬승은 급진적이었다. 그는 아방가르드 예술가였을 뿐만 아니라 그 자신이 아방가르드였다. 우리는 예술가의 사회적 역할을 두고 수없이 논쟁하고 토론했으며, 때로는 격렬하게 다투고 헤어지기도 했다.

한번은 그가 말하길 파리에 있는 술집이란 술집은 모두 가보았다고 했다. 나중에 뉴욕의 브루클린에서 살 때도 뉴욕에 대해 똑같이 말했다. 그의 허스키한 웃음소리가 아직도 귀에 선하다. 언젠가는 방 안에 함께 있던 숙녀들을 놀래주려고 벌거벗고 어설프게 춤을 추었다. 정말 대단한 친구였다. 그와 다른 친구들이 무척 그립다. 난 죽음을 피할 수 없는 내 자신의 운명에 의문을 품기 시작했다.

> 아침에 일어나니 실수를 했네 아침에 일어나니 실수를 했네
> 우리 친구 서는 사라져버리고 우리 친구 조는 이혼을 한다네
> 또 우리의 친구의 친구의 친구는 졸도를 했네 아! 나는 아! 나는 아! 나는
>
> 거리를 나서니 실수를 했네 거리를 나서니 실수를 했네
> 우리 친구 전은 강물에 빠지고 우리 친구 정은 술독에 빠졌네
> 또 우리 친구의 친구의 친구는 사랑에 빠졌네 아! 나는 아! 나는 아! 나는
> 〈실수〉

1960년대 후반과 1970년대 초반은 서울의 선구적인 예술가들이 왕성한 활동을 펼친 시기였다. 그들은 백지 위에 현대예술이라는

지도를 스스로 그려나가야 했다. 아방가르드라는 말은 비인습적인 모든 것을 가리키는 말로 쓰였다. 포크와 록 음악이 청바지를 입은 젊은이들의 마음을 끌었고, '패션'이라는 말이 일상의 삶에 들어왔다. 패션의 선구자들 중 한 사람이 김비함이라는 독특한 이름의 중년 예술가였다. 그녀는 북창동에서 의상실을 경영하며 자신의 독특한 패션을 따르는 대담한 고객들을 만족시켰다. 그곳은 서울에 사는 엘리트 예술가들의 회합 장소이기도 했다. TV에서 내 연주를 본 비함이 나를 초대했다. 그녀는 힘겨웠던 세월 내내 든든한 지지자, 후원자가 되어주었고, 이름 없는 매니저 역할을 했다. 비함의 살롱은 언제나 모델, 화가, 음악가와 비평가 들이 몰려들어 활기를 띠었다. 사람들은 거기서 창조적인 주제를 두고 열정적인 대화에 몰두했다. 비함은 군사독재라는 암흑기를 비춘 희망의 횃불이었다.

명신

오비스 캐빈은 당시 포크와 록 음악을 하는 사람들한테 중요한 장소였다. 위층에서는 라스트 찬스, 히-파이브, 박인수가 공연했고, 지하에서는 마음과 마음, 서유석과 내가 무대를 함께했다. 어느 날 저녁에 내 차례가 끝나자 피아니스트 친구 하나가 와서 인사를 했는데, 그녀가 한 여자를 데려왔다. 그 여자의 초미니 스커트와 서구적인 태도가 단박에 내 눈을 사로잡았다. 그녀의 이름은 명신이었다. 명신은 즉석에서 파라다이스 와인을 사주겠다며 나를 위층으로 데려갔다. 대화는 곧 불이 붙었다. 집이 같은 방향이어서 함께 택시를 탔다. 작별 인사를 하면서 나는 이런 생각을 했다. '정말 독특하고 특별한 여자군. 다리도 끝내주고!' 이것이 평생 동안 지속된 우리의 파란만장한 관계의 시작이다.

명신은 대단히 서구적인 미인이었다. 《보그》, 《하퍼스》, 《바자》 같은 패션잡지를 보고 서구 패션을 접한 덕분이었다. 홍익대에서 미술을 전공한 명신은 오로지 평범하지 않은 삶을 추구했고 구속을 몹시 싫어했다. 검은색과 회색 일색인 군중들 속에서 새빨간 레인코트를 입고 육교에서 나를 기다리곤 했다. 그리고 짙은 마스카라와 부풀려 세운 긴 머리카락. 역설적인 내 존재에 진정 어울리는 역설이었다. 그녀는 내 노래 〈오면 오고〉의 주인공 태양처녀가 되었다.

남들 눈에는 나도 낯설고 터무니없어 보였지간 명신은 훨씬 더 충격적이었다. 명신은 이 나라를 떠난 적이 없는데도 나보다 더 서구적이었다. 유명한 원로 올림픽 선수의 딸로, 흑 아니면 백이라는 인생관을 가진 여자였다. 남들에게는 좀처럼 마음을 터놓지 않았지만, 지상의 마지막 남자인 것처럼 나를 사랑했다. 우리는 곧 신장위동에 있는, 부엌 딸린 작은 연립주택에 살림을 차리고 동거에 들어갔다.

그 시절에 결혼하지 않고 같이 산다는 건 있을 수 없는 일이었다. 하지만 그녀는 개의치 않았다. 규칙이란 깨어지기 마련임을 알고 있었다. 함께 누드 사진을 찍고, 김치전을 부치고, 기타를 치고, 노래를 부르면서 우리만의 작은 우주를 만들었다. 파티를 열어 노래를 부르고 블라인드 페이스, 킹 크림슨, 비틀즈의 화이트 앨범, 헨드릭스를 들었다. 함형진이 곧잘 들렀고 박인수와 정찬승이 우리와 함께 밤을 보내곤 했다. 어느 밤 김민기와 내가 잔뜩 취해서 집으로 왔을 때, 명신이 오징어를 구워서 내놓았다. 내가 〈바람과 나〉의 가사를 읊어주면 김민기는 따라 불렀다. 우리 사랑의 보금자리는 웃음과 음악 소리로 떠들썩했다.

그 시절 우리나라는 정치적 혼란에 빠져 있었다. 박 대통령은 더욱 강철 같은 의지로 한국을 '개발도상국'이 아닌 '선진국' 대열에 올려놓으려 했고, 반대자는 누구든 짓밟으려 했다. 그런 가혹한 조치에 앞장서서 항거한 것은 물론 대학생들이었다. 서울 공기가 최루가스로 자욱해지고 가부키 배우처럼 무서운 방독면을 쓴 진압경찰을 피해 학생들이 도망가는 장면이 되풀이되었다. 예술 표현도 제한되었다. 반드시 문공부의 허가를 받아야 했다. 박 정권을 찬양하지 않는 사회운동은 여지없이 뿌리뽑혔다. 장발과 미니 스커트도 물론 금지되었다. 나도 대중 앞에 나설 수 없게 되었다. TV, 라디오, 어디에도. 정찬승은 명동 한복판에서 머리를 빡빡 밀며 항의했고, 내 노래들은 김민기의 노래와 더불어 저항하는 학생들의 송가가 되었다.

보통 시민들의 삶은 평상시와 다름없이 흘러갔다. 하지만 예술가들에게 서울의 하늘은 한줄기 햇살도 없이 먹구름만 가득했다. 사람들은 소줏집에서도 말조심을 했다. 사복 형사나 중앙정보부

명신과 나.

요원이 엿듣고 있다가 잡아갈지 모르기 때문이었다. 언젠가 스탈린이 말했다. "공포는 눈이 크다." 시인, 작가, 음악가, 심지어 언론인들까지도 눈을 크게 뜨기 시작했다.

비가 오네 눈이 오네 해가 지네 해가 뜨네
어제 저녁 불이 났네 산 위의 판잣집에
돼지들 줄지어 가네 도살장을 향하여
무슨 의문 있겠느냐 그저 빨리 빨리 빨리 빨리 가세
침 흘리는 신문기자 입 놀리는 굴비장사
비만 오면 과부타령 설레는 처녀 마음
(비~ 비가 온다 파도가 친다 비 내리는 밤에)

내 눈은 부딪쳤네 생존경쟁 나의 투쟁
인공위성 만리장성 금은보석 썩은 비석
우리 서로 운동하자 계몽운동 무슨 운동
재건 운동 무슨 운동 운동은 몸에 좋다 하더라
창가를 내다보세 재미있는 영화 구경
너도 살고 나도 살고 노력하여 부자 되자
시인 여인 미인 노인 맹인 장인 고인 행인 〈마지막 꿈〉

명신과 나는 남들 앞에서 버젓한 부부로 행세했다. 하지만 생활의 무게가 점점 우리를 짓눌렀다. 사랑은 너무도 컸지만, 사랑을 지속하려면 누구에게나 돈이 필요한 법이다. 빌려온 돈으로 생활하다가 더 이상 돈을 빌릴 데가 없자 명신은 반지나 내 카메라 렌즈 같은 자잘한 물건들을 내다 팔았다. 우리는 지칠 대로 지쳤다. 결국 나는 직장인이 되기로 마음먹었다. 뉴욕에서 광고사진 정규 과정을 마친 덕분에 직장을 구하기는 어렵지 않았다. 상공부의 후원을 받고 있던 한국 디자인포장센터에 취직을 했다. 그 분야의 첫 세대인 셈이었다. 당시 이낙선 상공부 장관이 수출을 증진하기 위해 많은 노력을 기울이고 있었는데, 우리나라 제품의 가장 큰 결점은 디자인과 포장 같은 세세한 부분이었다. 3급 공무원이 된 나. 이것 역시 아이러니였다. 체제전복적인 노래를 쓴다는 죄목으로 핍박받은 음악가가, 이제 자신의 입을 틀어막은 바로 그 정부를 위해 일하게 된 것이다.

서울대학교 문리대 앞에 있는 사무실에 출근한 첫날을 결코 잊을 수 없다. 부장은 그날 밤 환영회가 있을 거라면서, 한 사람도 빠지지 말고 회식에 꼭 참석하라고 했다. 그들이 데려간 곳은 화려한 기생집이었다. 젊은 여자들이 옆에 한 명씩 붙어앉아 술시중을 들었다. 춤추고, 노래 부르고, 마구 주물러대고……. 난생처음 보는 광경이었다. 나는 충격을 받았다. 일행들은 계속 나를 놀려댔다. "어이, 한대수! 아가씨 좀 만져줘. 만져주라구. 애타게 기다리고 있잖아." 참으로 기억할 만한 밤이었다.

평범한 생활이었다. 하지만 공연이 그리워서 계속 노래를 만들었다. 어느 날 퇴근하고 돌아와 보니 명신이 넋이 나가 있었다. 영장이 날아든 것이다. 3년간이나 군 복무를 해야 했다. 제일 두려운 건, 우리의 소중한 사랑이 어떻게 될 것인가였다. 우리의 사랑이 살아남을 수 있을까?

함께 살았던 두 해 동안 명신은 아내로서 최선을 다했다. 최신 유행을 따를 뿐 아니라 자기만의 독특한 스타일로 유행을 앞서갈 줄 아는 자유로운 여자가, 나를 위해 기꺼이 집안일을 했다. 명신이 국거리로 쇠고기를 조금 사온 적이 있다. 냉장고도 없고, 쇠고기 값도 무척 비쌀 때였다. 이튿날 먹을 몫으로 절반을 현관에 걸어두었는데 밤새 그만 상해버렸다. 몹시 슬퍼하는 명신을 보면서 가슴이 찡했다. 우리는 동거 부부라는 경멸과 비난을 받으면서도 꿋꿋하게 버티며 서로 떨어질 수 없는 사이가 되었다. 그리고 둘만의 우주를 창조했다. 남들의 인습적인 가치에 도전하는 우주. 우리는 그에 맞섰고 승리하고 있다고 자부했다. 하지만 상황이 순식간에 바뀌었다. 1971년 6월, 나는 진해 신병훈련소에 입소했다. 3년간 해군 수병으로 복무하게 된 것이다.

입대하기 전 5개월은 음악활동으로 바빴다. 공식적인 무대에 나서는 것이 금지된 탓에 학생회의 도움을 받아 대학 캠퍼스에서 공연했다. 서울대 공대 콘서트를 시작으로 서울대 문리대와 부산대, 서강대의 초청이 이어졌다. 서강대에서는 내 노래 가사가 전부 인쇄된 프로그램을 학생회장이 특별 제작했다. 청중들은 깊은 감명을 받았다. 대학 순회공연은 김상희가 사회를 본 이화여대 초청 공연에서 절정을 이루었다. 기타와 하모니카를 신나게 연주하면서 자유와 고통스런 사랑과 고독을 노래하는 동안 5천 명의 젊은 아가씨들이 내 움직임 하나하나에 호응하던 그 무대가 생생히 기억난다. 그 짧은 순간에 5천 명의 여자친구를 갖다니, 얼마나 멋진 일인가?

그 암울한 시절에 내 음악을 옹호해준 CBS 라디오의 김진성한테도 큰 도움을 받았다. 그는 내가 잊혀지거나 사라질 경우를 대비해 자신의 스튜디오에서 내 노래를 녹음했다. 거기서 나는 〈행복의 나라〉, 〈물 좀 주소〉, 〈옥의 슬픔〉, 〈하룻밤〉, 〈바람과 나〉를 불렀다. 〈바람과 나〉는 훗날 김민기가 녹음했고, 〈행복의 나라〉는 양희은이 데뷔 앨범에서 불렀다. 두 노래는 지은이가 누군지 알려지지 않은 채 젊은이들 사이에 유행했다. 김진성은 자기 입장이 확고한 지식인이었고, 우리 시대의 대중음악을 진보시킨 불굴의 투사였다. 음악이 메말랐던 시절, 그와 이백천은 젊은이의 음악을 옹호한 가장 영향력 있는 인물이었다.

입대 직전에 석주선이라는 단국대 교수한테서 《한국 복식사》라는 자신의 책에 들어갈 사진을 찍어 달라는 제의를 받았다. 내가 한 해 전에 국전 사진 부문에 입상했으며 타협하지 않는 젊은이라는 점에 끌려 나를 선택했다고 했다. 잠시 망설였지만, 그 확고한 생각과 매력 있는 성격에 마음이 움직였다. 나는 몇 날 며칠을 석 교수의 스튜디오와 국립박물관에서 보냈다. 호랑이 수염에서부터 왕실 의복까지 1천 장도 넘게 사진을 찍었다.

석주선 교수는 500년 이상 된, 입이 딱 벌어질 만한 수집품들을 갖고 있었는데, 사진을 찍을 대상에 대해 이야기할 때마다 눈동자가 반짝거리고 온몸에서 열정이 넘쳐나왔다. 나는 그 일을 좋아서 했고, 돈을 받지는 못했지만 더없이 훌륭한 저녁식사를 대접받았다. 오늘날까지도 그 맛이 입 안에 감도는 정통 한정식이었다. 그 시절에 혼자 산 60대 여자. 나는 그 삶이 얼마나 행복할까 생각했다. 오직 한 가지 일에만 몰두하는 삶, 인생의 얼어붙은 순간들을 녹여내 하나의 신념으로 영원한 만족을 얻는 그런 삶. 그 책은 내가 해군에 복무하는 동안 출판될 예정이었다. 명신이 감사 인사를 대신 받았다.

지워버리고 싶은 군대 시절

해군에서 보낸 3년은 내 인생에서 지워버리고 싶은 시기이다. 살아오면서 열망한 것, 소중히 여겼던 인간적 가치와는 완전히 달랐다. 견디기 힘든 육체적 고통을 겪으며, 그 잔인한 인간의 지옥에서 살아남지 못할 것 같았다. 내가 정신지체와 자살에서 벗어날 수 있었던 것은 알렉산드르 솔제니친 덕분이었다. 명신이 검열관의 눈을 피해 책 표지를 뜯어내고 《수용소 군도》와 《이반 데니소비치의 하루》를 보내주었다. 그 주인공들이 겪은 고통은 내가 당하는 것에 비할 바가 아니었다. 인간이 타인에게 훨씬 더 엄청난 죄악을 저지를 수 있다는 사실을 깨닫자, 마음이 편해지고 위로가 되었다. 솔제니친 자신도 스탈린 정권을 온건하게 비판한 편지를 친구에게 보냈다가 시베리아에서 9년간 강제노동을 했다. 그 젊음의 꽃들은 모두 시베리아 지하 감옥에서 죽었다. 그 책들은 내게 용기와 살아남아야겠다는 의지를 심어주었다.

난생처음으로 엉덩이에 '빳다'를 맞던 때를 잊을 수가 없다. 나는 푹 고꾸라지며 "이 사실을 유엔 인권위원회에 알려야 돼" 하고 뇌까렸다. 하지만 3년이 다 되어갈 무렵에는 스무 대를 맞고도 끄떡없었다. 나는 인간이 아니었다. 그 누구도 인간이 아니었다. 우리는 양심을 내팽개친 짐승이었다. 그들은 말했다. 이런 훈련 관행은 일본인들에게서 물려받은 것이라고. 하지만 나는 그렇게 생각하지 않는다. 그것은 우리가 가진 잔혹성의 추악한 일면이었다. 나는 부대에서 두 번째로 키가 컸던 탓에 항상 남들보다 더 맞았다. 혹시 이런 것이 병사들을 살인기계로 만드는 방법이라고? 내 생각은 다르다. 오히려 상관에게 앙심을 품게 만들 수 있다. 병사들이 상관을 죽일지, 적을 죽일지는 모르는 일이다. 둘 다 증오의 대상이기 때문이다. 강한 군대를 만들려면 장교와 사병들 간에 굳건한 협력관계를 갖춰야 한다. 병사들에게 쓰라린 복종을 강요하는 육체적 고문이 아니라 강한 규율과 전문적인 훈련을 통해서 말이다. 군대의 이런 관행은 사회 풍토까지 나쁘게 한다. 제대하면 노동자가 되기 때문이다. 우리의 국방체계를 그렇게 운영하는 것은 전적으로 잘못인 것 같다. 하지만 요즘은 군대도 많이 나아졌다고 들었다. 정말이길 바란다.

 진해에서 3개월 동안 훈련을 받고 해군 구축함 91함에 배치되었다. 이 군함은 박정희 대통령을 비롯한 국내외의 주요 고관들이 시찰하러 오는 기함이어서 군기가 아주 셌다. 체벌이 끊일 날이 없었고, 갑판에 녹자국이 있다는 이유로 1월의 추위 속에 모든 병사들이 벌거벗고 얼어붙은 바다로 뛰어들기도 했다. 당시에는 나라가 부강하지 못해서 최신 전함을 구입할 예산이 없었다. 우리 해군은 미국 해군의 예비 함선 중에서 2차대전에 쓰였다가 폐기된 전함으로 구성되어 있었다. 우리는 제 기능을 70퍼센트 정도밖에 발휘하지 못하는 그 군함들을 들여와 다시 도장을 해서 썼다. 나는 5인치 짜리 대포를 맡고 있었다. 당시로서는 가장 컸다. 포탑 속에 있을 때도 "꽝" 하는 대포 소리가 귓전을 울렸다. 대포가 발사될 때마다 우리는 "소 한 마리 나간다"고 하곤 했다. 대포알 하나가 소 한 마리 값이었으니까. 그 시절 군비가 그렇게 부족했다는 얘기다.

해상 임무는 90일 동안 계속되었다. 우리는 38도선 위아래, 동해안과 서해안을 누비며 다녔다. 처음 열흘 동안은 생김치였던 게 마지막 몇 주가 되면 흐물흐물해졌다. 어느 날 밤, 보초를 서면서 친해진 군의관이 나를 자기 사무실로 데려갔다. 그러고는 병장에게 쇠고기를 가져오라고 하더니 의료장비 소독용 찜통에 몽땅 집어넣었다. 얍! 쇠고기는 불과 5분 만에 다 익었다. 으리는 의료용 소금에 쇠고기를 찍어 먹으며 의료용 알코올을 주거니 받거니 했다. 그날 밤, 우리는 원없이 취했다. 꼭 호화 유람선을 탄 기분이었다. 갑판에 부딪히는 파도 소리, 그리고 무엇보다도 음악에서 역사에 이르기까지 폭넓은 대화. 군대 3년을 통틀어 유일하게 아름다운 순간이었다.

해군들이 거칠고 호색적인 것은 사실이다. 굿생긴 남자들끼리 90일 동안 망망대해만 바라보다 돌아오면 스커트 자락만 살랑거려도 미칠 지경이 된다. 해양 임무가 끝나자마자 우리는 며칠간 휴가를 얻어 진해로 나왔다. 그러면 난장판 파티가 벌어진다. 아무도 못 말리는 광란의 파티였다. 한번은 바다에서 돌아오자마자 명신이 날 만나러 진해로 내려왔다. 명신은 엉망진창인 내 모습을 보고 몹시 속상해했다. 배에는 물이 부족해서 샤워는커녕 세수도 할 수 없었다. 하지만 명신이 가장 가슴 아파한 것은 그날 밤 내가 옷을 벗었을 때였다. 엉덩이와 허벅지가 검은색에서 자줏빛까지 온갖

색깔을 띠고 있었던 것이다. 명신이 밤새도록 우는 바람에, 우리는 사랑도 나누지 못했다. 나한테는 그토록 절실한 일이었는데도. 명신은 나보다 훨씬 더 시련을 겪고 있었다. 가족과 타인들의 손가락질을 받으면서 3년을 기다린다는 게 젊은 여자에겐 쉬운 일이 아니었다. 나는 기다리지 않아도 된다고 했다. 그녀는 기다리겠다고 고집했다. 나는 군대에서 나가자마자 이 여자를 세상에서 가장 행복하게 만들어주겠노라고 다짐했다.

2년 동안 간첩선을 쫓아다니며 한 사람이 자살하고 두 사람이 탈영하는 걸 목격한 뒤, 나는 서울에 있는 해군본부의 참모총장 비서실에서 근무하게 되었다. 군 생활의 마지막 해에 참모총장의 영어 연설문을 작성했다. 이런 식의 연설문을 수백 개나 썼다. "스틸웰 제독 각하와 여러 훌륭한 참모진을 서울에서 맞이하게 되어 크나큰 영광입니다. 자유와 정의라는 우리의 가치를 지키기 위해 상호 간의 목표가 어쩌고 저쩌고 하기를 진심으로 바랍니다."

막상 제대가 몇 주 앞으로 다가오자 불안해졌다. 제대하는 것이 더없이 기쁘면서도 두려웠다. 동료들도 모두 겪는 현상이었다. 우리는 어느덧 벌을 받고 벌을 주는 사도마조히즘적 생활양식에 익숙해졌던 것이다. 모두들 우리 밖으로 내보내지기를 두려워하는 짐승이었다. 1974년 5월 어느 화창한 아침, 마침내 제대를 했다. 해군사령부의 경비초소 앞에서 명신이 꽃다발을 들고 기다리고 있었다. 명신을 껴안고 키스를 하고, 하늘을 향해 "나는 자유다!!" 하고 외쳤다. 그러고는 호주머니에 간직하고 있던 시를 던져버렸다. 《수용소 군도》에 나온 시로, 무수한 밤과 낮 동안 나에게 힘을 주었다.

Does God, who is perfect love, allow
This imperfection in our lives?
The soul must suffer first to know
The perfect bliss of paradise
Harsh is the law, but to obey
Is for weak mortals the only way
To eternal peace

완전한 사랑의 하나님
저희 삶이 이토록 불완전함을 두고 보시렵니까?
천국의 완전한 행복을 알려면
영혼은 반드시 고통부터 경험해야 합니다
법은 가혹하지만 복종은
약한 인간들이 영원한 평화로 가는
단 하나의 길입니다

오랜 진통 끝에 나온 첫 앨범

　　　　　　　　　　　　제대해보니 기쁘게도 내 노래가 두 곡이나 인기를 얻고 있었다. 김민기가 부른 〈바람과 나〉, 그리고 양희은이 부른 〈행복의 나라〉였다. 김진성은 뛸 듯이 기뻐하며 내 손을 잡고 신세계레코드로 갔다. 머리가 새카맣고 단단한 몸집에 강인해 보이는 남자가 활짝 웃으며 반갑게 맞아주었다. 레코드사 사장인 윤상호였는데, 대뜸 "언제 녹음하고 싶소?" 하고 물었다. 나는 내일 하겠다고 대답했다. 여기서 한 가지, 윤 사장은 기꺼이 모험을 하는 도박사라는 점을 말하고 싶다. 당시에는 누구도 내 음악에 흥미를 갖지 않았던 것이다. 그가 옳았다. 첫 앨범《멀고 먼 길》은 30년이 지난 지금까지도 팔리고 있다. 우리는 1989년《무한대》앨범으로 다시 한 번 만나게 된다.

　　오전 10시부터 오후 6시까지,《멀고 먼 길》을 하루 만에 녹음했다. 주로 4트랙짜리 라이브였다. 신중현의 밴드에서 활동하던 권용남이 드럼을 치고, 나중에 인기 가수가 된 조경수가 베이스를,

학생 최동휘가 첼로 연주를, 정성조가 피아노와 플루트를 맡았다. 리드 기타로는 친구이자 팬이며 지극히 이단적인 방식으로 연주하는 임용환을 선택했다. 그는 나중에 독실한 기독교인이 되어 가스펠 음악에만 몰두했다. 모든 것이 완벽하게 진행되었으나 〈물 좀 주소〉만은 예외였다. 밴드가 그 절망적인 리듬을 제대로 표현하지 못했다. 내가 노래에서 고래고래 소리를 지른 것은 연주가 그만큼 마음에 차지 않아서였다. 그게 오히려 노래와 잘 맞아떨어졌다. 〈물 좀 주소〉는 물을 갈구하는 내용이고, 그 물은 사랑과 자유를 뜻하기도 한다. 그에 걸맞게 내 목소리는 절망과 좌절에 차 있었다.

녹음날 아침, 집을 나서는데 이웃집에서 딸랑이 소리가 들려왔다. 갓난 사내아이의 장난감 소리였다. 너무 감미롭게 들려서 주인 아주머니한테 딸랑이를 빌려 달라고 부탁했다. 젓가락으로 만들어 낸 슬라이드 기타 소리와 딸랑이 소리를 섞어 〈사랑인지?〉를 녹음했다. 그 소리는 애타는 사랑의 감정을 불러일으켰다. 김진성이 이정선이라는 미대생도 데려왔는데, 그는 베이스를 친다고 했다. 학구적이고 온화한 친구였다. 그는 나중에 내 두 번째 앨범에서 기타를 연주했다.

레코딩의 대가로 50만 원을 받았다. 윤 사장은 "한대수 씨, 돈을 받고 첫 앨범을 내다니 당신은 보기 드문 행운아요" 하고 말했다. 맞는 말이었다. 당시에는 돈을 내고라도 앨범을 내고 싶어하는 가수들이 줄을 섰다. 내 노래를 녹음하고 돈까지 벌었다는 사실이 믿어지지 않았다. 가슴이 벅찼다. 우리는 그날 밤 집으로 와서 30분 동안 돈을 방 안에 뿌렸다. 온 방 안에 푸른 지폐가 흩날렸다.

첫 앨범을 냈다는 행복감이 잦아들고, 우리 두 식구의 생계를 책임져야 한다는 현실에 맞닥뜨렸다. 그래서 《코리아 헤럴드》의 수

습기자직에 응시했다. 뽑는 인원은 다섯인데 2천 명도 넘는 응시자가 몰렸다. 이틀간 고된 시험을 치르고 나서 최종 합격자 후보에 올라 원경수 사장이 직접 면접하는 자리에 나가게 되었다. 부들부들 떨면서 사장실에 들어가니, 사장은 쩌렁쩌렁한 목소리로 "인물이 훤하구먼. 걸 프렌드가 몇 명이야?" 하고 뜻밖의 질문을 던졌다. 그것으로 끝이었다. 나는 면접을 통과하여 정부가 운영하는 신문의 기자 생활을 시작하게 되었다. 또다시 아이러니였다.

나는 빠르게 승진했다. 교정원에서 주간부로, 주간부에서 사진기자를 거쳐 마침내 문화부 특집란까지 맡게 되었다. 무명의 젊은 예술가들을 찾아다니며 대중에게 소개하는 일은 즐거웠다. 그들의 사연에는 크나큰 고통과 투쟁이 배어 있었다. 또 인터뷰 상대가 남몰래 돈을 찔러주는 충격적인 일도 있었다. 하지만 그것이 관례이며 대세에 따라야 한다고들 했다. 나도 그 흐름에 실려갔다.

김명희라는 가수가 나를 열심히 찾고 있었다. 그녀는 이탈리아의 산레모 가요제를 본떠 만든 한국일보 후원 제1회 한국가요제에 참가하고 싶어했다. 나는 라벨의 볼레로에서 영감을 받은 〈나 혼자〉라는 곡을 주었다. 그 곡의 리듬을 보강하기 위해 친구 임용환과 기타 두 대로 반주했다. 김명희는 목소리가 무척 풍부하고 몸집이 큰 여자였는데, 나중에 보니 현미의 동생이었다. TV에 생방송으로 중계되는 가운데, 우리는 '베스트 텐' 상을 받았다. 이튿날 아침 편집실에 들어갔더니 모두

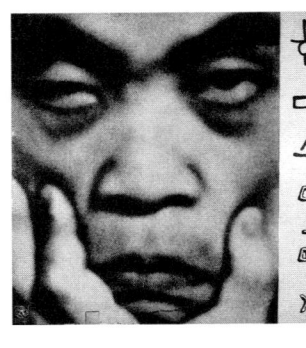

1974년에 첫 앨범 《멀고 먼 길》을 냈다.

들 입을 열지 못했다. 전날 밤 TV를 보기 전까지는 내가 누구인지 몰랐던 것이다. 사람들은 무슨 말을 할지, 어떻게 축하를 해야 할지 몰랐다. 내가 썰렁한 분위기를 깼다. "이봐, 나 돈 좀 벌었어. 점심에 한턱 살게." 그러고는 우리 부 전체를 데리고 나갔다.

나와 명신은 시련과 역경을 겪을 만큼 겪은 터라 자연스럽게 결혼이라는 결론에 이르렀다. 우리는 그해 가을, 친척들과 친구들의 격려 속에 연세대학교의 새로 지은 건물인 루스 채플에서 결혼식을 올렸다. 결혼식은 소박하고도 아름다웠다. 소프라노가 아름다운 목소리로 우리가 제일 좋아하는 찬송가 〈주기도문〉을 부를 때는 흐느낌을 멈출 수가 없었다. 우리의 사랑은 명신에게 너무나 큰 고통이었다. 이제 그 고통이 끝나게 된 것이다. 비로소 낯을 들 수 있게 된 어머니는 새 신부에게 밍크와 다이아몬드 세례를 했다. 우리는 신문사까지 걸어서 통근할 수 있는 신문로의 단독주택 이층에 신혼방을 마련했다. 명신은 마침내 평화와 안락을 얻었다. 그해 겨울, 그녀는 연탄 난로에 호떡을 즐겨 구웠고, 그 모습은 우리집에 들른 수많은 친구들을 감격시켰다.

첫 앨범이 발매되고 얼마 지나지 않아 두 번째 앨범을 만들자는 제의가 들어왔다. 윤항기와 함께 몇 개의 히트곡을 내놓은 엄진 씨의 제의였다. 나는 "좋아요. 해봅시다!" 하고 승낙했다. 엄진 씨는 앨범을 비단같이 부드러운 사운드로 만들고 싶어했다. 현악기들과 류복성이 두드리는 타악기 소리가 섞였다. 이정선이 엄청난 연습을 거친 끝에 기타를 맡았고, 리듬 파트는 객원 밴드가 맡았다. 나는 연주곡 〈여치의 죽음〉을 15분으로 늘여 바그너풍의 인도 라가 음악으로 만들고 싶었지만, 엄진 씨와 오랫동안 의논한 뒤 내 주장을 접었다. 곡의 길이는 반으로 줄었다. 라디오 방송을 고려한 것이었다. 오후 1시 데드라인에 맞춰 신문에 실을 글을 마무리지으면 곧장 장충 스튜디오로 뛰어가 앨범 작업을 하고 다시 오후 6시에 데스크에 보고하러 돌아오곤 하며 정신없이 한 달을 보냈다. 코피를 흘리는 날이 셀 수도 없었다.

예전에 얼굴이 알려져 겪었던 일도 있고 해서 앨범 표지에 얼굴을 싣고 싶지 않았다. 《멀고 먼 길》 때는 카메라를 삼각대에 놓고 일그러진 자화상을 찍은 뒤, 고온에서 현상하여 입자가 거친 사진을 얻었다. 사람들은 그 표지를 보고 '고릴라 얼굴'이라고들 했다. 두 번째 앨범 제목은 《고무신》으로 정했다. 한국적 정서와 민중을 상징하는 것이었다. 또 죄수가 흰 고무신을 신으니 박해를 상징한다고도 할 수 있었다. 촬영 장소로 우리집 뒷담을 택했다. 높다란 벽돌담 위에 철조망 같은 게 죽 이어져 있고, 불그죽죽한 녹물이 담을 타고 흘러내렸다. 맑고 푸른 날, 나는 내 흰 고무신 한 켤레를 거기 매달아놓고 사진을 찍었다. 좋은 작품이 나왔다. 철조망은 성난 듯 위협적으로 디자인 면에서 비대칭을 이루고 있었다. 고무신 두 짝이 걸린 녹물 배인 담, 바로 내가 원하던 거였다.

앨범이 나온 날, 레코드 회사에 갔다. 앨범 서너 장을 늘어놓고 보니 현대미술 작품 같았다. 황홀했다. 엄진과 나는 소주 여섯 병을 마시며 출반을 축하했다. 한국 사람들은 현악기 소리를 좋아하니까 히트곡이 두 곡 이상은 나올 거라고 장담했다. 하지만 그 꿈은 이루어지지 않았다. 2주 후 엄진한테서 전화가 왔다. 문공부에서 시중에 풀린 앨범을 전부 몰수하고 마스터테이프까지 요구하고 있다고 했다. 녹음은 허가해놓고서. 체제전복적인 작품을 제작했다는 혐의로 자신도 곤경에 빠질지 모르겠다고 했다. 당국에서는 앨범 표지가 표현하는 바를 지레 짐작하고 못마땅해했다. 내 노래는 심의위원회에 회부되어 금지곡이 되었고, 첫 앨범도 덩달아 판금되었다. 그들은 첫 앨범의 표지도 거슬려했다. 〈자유의 길〉, 〈병든 고아〉, 〈술 취한 여자〉, 〈물 좀 주소〉 등의 가사를 하나하나 뜯어보기 시작했다(그들은 〈물 좀 주소〉가 중앙정보부에서 자행하던 '물고문'을 가리킨다고 생각했다). 나는 궁지에 몰렸다. 엄진한테서도 더 이상 전화가 오지 않았다. 1989년에 《무한대》를 녹음하러 서울에 와서 엄진을 찾았다. 하지만 나보다 겨우 일곱 살 많은 그가 3년 전에 암으로 죽었다는 소리를 들었다. 나는 그의 어린아이 같은 웃음소리와 겸손한 성품을 잊지 못한다.

 신문사 일을 계속했지만 속으로는 피눈물을 흘렸다. 그토록 우여곡절이 많았던 기나긴 음악여행(그래서 첫 앨범의 이름을 '멀고 먼 길'이라고 붙였는데) 끝에 겨우 빛을 보았는데, 다시 어두운 망각의 터널로 들어가게 된 것이다. 두려움이 내 삶 속으로 파고들었다. 정치부 기자 두 명이 '남산호텔'에서 하룻밤을 보내고 부들부들 떨며 돌아오자 나는 편집증에 사로잡혔다. 길을 건너거나, 경찰을 보거나, 낯선 사람이 전화만 해도 나는 망상에 빠졌다. 물론 모두가 상상일 뿐이었다. 하지만 정말 그런가? 나는 인간이 얼마나 잔인한지 알고 있었다. 3년 동안 뼈저리게 경험하지 않았던가. 알지 못하는 두려움도 크지만, 이미 알고 있는 두려움은 훨씬 더 큰 법이다.

 개인적으로 나는 박정희 정권을 증오하지 않았다. 국가는 외관상 많이 발전했다. 고속도로가

1975년에 발표한 두 번째 앨범 《고무신》.

생기고 수출 목표가 늘고 합작투자가 급증했다. 국민들은 더욱 야심 차고 부유해 보였다. 내심 박 대통령을 일본의 메이지 천황에 비유하기까지 했지만 내 마음은 노래하지 않았다. 내 음악이 침묵당했으니까. 많은 밤을 의논한 끝에 우리는 미국으로 이민 가기로 결정했다. 김용수 편집국장에게 사표를 제출했다. 국장은 한숨을 쉬었다. 문화부에 다채로운 기사와 사진을 제공했던 젊고 활기찬 기자 하나를 잃는 것이 믿어지지 않았던 모양이다. 나는 뉴욕의 존 F. 케네디 공항행 노스웨스트 보잉기에 올랐다. 이번에는 제트기였다. 아내한테서 "당신의 하얀 날개를 활짝 펴고 우주로, 그 너머까지 날아가세요"라고 쓴 카드를 받았다. 내 나이 스물일곱이었다.

3부 두 사람의 아내

뉴욕의 결혼 생활

1970년대 중반의 뉴욕은 1960년대 중반과는 아주 달랐다. 전쟁은 미국에 수치스런 결과만 남기고 끝났고, 워터게이트의 여파로 닉슨 대통령이 탄핵당할 처지에 놓여 있었다. 사회 전반적으로 자신감이 줄고 분위기가 가라앉아 있었다. 하지만 자본주의라는 돈 만드는 기계는 힘차게 돌아갔다. 히피들은 무엇이든 물질적인 것은 기피했지만, 새로운 세대는 돈을 숭배했다. 이들은 곧 '여피'라고 불렸다. 나는 아내와 내가 먹고살 일자리부터 구해야 했다. 오랫동안 미국을 떠나 있었던 탓에 일자리 구하기가 쉽지 않았다. 어찌어찌 중심가에 있는 '올든 카메라' 선적부에 취직을 했다.

네 평짜리 조그만 방 안에서 네 명이 전세계로 보낼 카메라와 사진장비를 선적했다. 서너 달 전만 해도 《코리아 헤럴드》에 특집기사를 쓰던 내가 머리를 쓰지 않고 놀리자니 우울했다. 그나마도 얼마 못 가서 해고당하고 말았다. 일을 못해서가 아니라 마늘 때문이었다. 할머니는 기운을 되찾게 하려고 내게 날마다 생마늘과 김치를 먹였다. 입냄새 때문에 죽을 맛이었던 동료들은 이구동성으로 관리부에 불평을 해댔다. 그때부터 나는 평일에는 김치를 먹지 않았다. 미국에 사는 한국인이라면 누구나 부딪히는 문제였다.

그때 행운이 찾아왔다. 《코리아 헤럴드》의 원경수 사장이 뉴욕에 지국을 개설하려고 나를 찾고 있었다. 그래서 부사장 DJ를 만났다. 나는 당장 54번가에 있는 멋진 디스코테크, '스튜디오 54' 바로 옆에다 인쇄기를 설치하고 사무실을 만들었다. 지국을 개설하는 목적은 한국의 입장을 널리 알려 미국의 후원을 얻자는 데 있었다. 나는 한국 기술자들을 훈련시켜 두 달 만에 신문을 발간했다. 그리고 새 차와 지국장이라는 직함과 함께 '저먼타운'이라 불리는 부자

내가 뉴욕에서 결성한 밴드, 칭기즈칸.

동네 어퍼 이스트사이드에 아파트를 얻었다. 얼마 뒤에 미대 출신인 명신도 패션계에서 디스플레이 디자이너로 일하게 되었다. 명신은 뉴욕 스타일에 완벽하게 어울렸다. 그녀의 디스플레이는 대중들과 패션업계 간부들 눈에 띄었다. 명신은 곧 블루밍데일 백화점에서 헨리 벤델스, 버그도프 굿맨 같은 고급 패션 매장만 다루게 되었다.

뉴욕에 다시 자리를 잡자 음악을 만들 궁리를 했다. 《빌리지 보이스》 신문의 도움을 얻어 베이스는 앨 베이시, 드럼은 더글러스 세바요라는 친구가 맡게 되었고, 기타와 작곡은 내가 했다. 밴드 이름은 '칭기즈칸'이라고 지었다. 마치 뉴욕을 정복할 준비가 되었다는 듯. 아직 섹스 피스톨스, 토킹 헤즈, 블론디가 등장하기 전이었다. 우리의 사운드는 세련되지 않고 거칠었으며 가사를 무척 강조했다.

I'm walking down the highway with
Burning fingers
I scream do you know me
But no one, no one heard me

I'm a two-headed monster
With tongue on fire
I burn all your cities
But you'll never, never behead me
Cream colored cadillac
Streams down the coastline
With young full of blond heads
That was screeching for the point of no return

I'm mad at sadness, I'm mad at highness
I'm mad at genius, I'm mad, I'm mad

I'm mad at Venus, I'm mad at Unis
I'm mad at penis, I'm mad, I'm mad 〈Never a Chance〉

나는 큰길을 걷고 있네
손가락엔 불이 타고
날 아느냐고 소리쳐도
아무도 아무도 듣지 못하네

나는 머리가 둘 달린 괴물
혀에는 불이 붙고
나는 너희들의 도시를 태우네
하지만 너희는 결코 내 목을 자르지 못하리
우윳빛 캐딜락
금발의 젊은이들을 가득 태운 채
해안선을 따라 흘러가네
결코 돌아올 수 없는 곳으로

나는 슬픔에 미쳤네, 나는 폐하에 미쳤네
나는 천재에 미쳤네, 나는 미쳤네, 나는 미쳤네
나는 비너스에 미쳤네, 나는 유니스에 미쳤네
나는 페니스에 미쳤네, 나는 미쳤네, 나는 미쳤네 〈결코〉

우리는 트루드 헬러스, 클럽 할리우드, CBGB 같은 클럽에서 연주를 했다. 장비를 빌리고 옮기는 데만도 500달러가 들었다. 1시간 반 가량 땀 흘려 연주하고 나면 한 사람당 20달러를 받았다. 참으로 맥빠지는 일이었다. 더구나 뉴욕에서만도 2천여 밴드가 한꺼번에 모여들어 레코드사의 관심을 얻으려고 경쟁하고 있었다. 한번은 끝내주는 흑인 베이스 연주자를 고용했는데, 공연 당일 밤 코카인 소지 혐의로 감옥에 들어가고 말았다. 도리 없이 내 호주머니를 털어 보석으로 빼냈다. 드러머의 집 전화가 끊겨 전화세도 내줘야 했다. 그런데 레코드 계약은 이루어지지 않았다.

나는 밴드의 사운드를 바꾸기로 결심했다. 드럼은 토니라는 필리핀인, 베이스는 이안이라는 영국 청년, 리드 기타는 스터지스라는 열아홉 살의 잘생긴 그리스 청년에게 맡겼다. 스터지스는 록 스타가 되겠다는 포부가 확고했다. 여자친구인 샤론 미첼을 포르노 배우로 내보내 자기 뒷바라지를 시킬 정도였으니까. 그 여자는 훗날 그 분야에서 빅 스타가 되었다. 우리가 만든 사운드는 최신 데이비드 보위 스타일이었다. 우리는 다시 한 번 진격할 준비를 마쳤다.

하룻밤짜리 공연들과 데모 테이프들 때문에 돈이 푹푹 줄었다. 명신은 몹시 못마땅한 눈치였다. 우리가 연습하는 동안 샤론 미첼이 벌거벗고 뛰어다니는 것도 불쾌해했다. 어느 날 클럽 할리우드에서 연주를 할 때였다. 웬 중년 신사가 명함을 주면서 사무실로 찾아오라고 했다. 명함에는 워너 브라더스 레코드의 이스트코스트 지역 이사, 사이 펠드먼이라고 적혀 있었다. 나는 깜짝 놀랐다. 이튿날 아침 사무실로 찾아가자, 그는 내 음악에 구미가 당기는 요소가 있으며 특히 자작곡들이 마음에 든다고 했다. 작곡가로 계약할 가능성이 보였다. 그렇게만 되면 연봉을 받으면서 그 회사의 전속 가수들을 위해 곡을 쓰게 되는 것이다. 그는 계속 희망을 품게 했다. 하지만 결국은 이런 얘기를 전해왔다. 웨스트코스트 지역 이사가 다른 아티스트를 뽑았으며, 예산상 한 사람밖에 뽑을 수 없다는 것이었다. 몹시 불쾌하고 속이 상했다.

상황을 꼼꼼히 뜯어보니, 음반 사업은 유태민족이 소유하고 있다는 결론이 나왔다. 성공한 미국 아티스트들이 그 증거였다. 바브라 스트라이전드, 닐 다이아몬드, 베트 미들러. 사이먼 앤 가펑클,

배리 매닐로, 그리고 밥 딜런으로 알려진 로버트 짐머맨. 주목을 받기 위해서는 좋은 음악을 만드는 것 이상이 필요하다. 이름을 데이비드 한스테인으로 바꿀까도 생각했지만, 얼굴은 어떻게 바꾸지? 음악, 신문, 영화 산업을 소유한 유태인은 세계 여론에 영향을 미쳐 아랍보다는 이스라엘의 대의에 공감하게 만든다. 나는 그들의 뛰어난 정신에 찬탄과 두려움을 품었다.

우리는 밴드를 해체했다. 스터지스는 활동을 계속하여 벨벳 언더그라운드의 멤버인 존 케일의 기타리스트가 되었고 장래성이 엿보이는 앨범도 냈다. 하지만 곧 헤로인 중독의 희생양이 되고 말았다. 겨우 스물두 살의 나이에 마이애미의 셋집에서 시체로 발견된 것이다. 나는 다시 음악 아닌 일에 몰두했다. 《코리아 헤럴드》 일을 완전히 마무리짓고 임기를 끝냈다. 나는 야심만만한 터키인 할루크가 운영하는 뉴욕에서 제일 큰 사진현상소 '컬러 휠'에 들어갔다. 이곳에서는 일이 눈코 뜰 새 없이 돌아갔다. 주로 대형 광고대행사인 고객들이 불가능한 마감 기한을 요구했기 때문이다. 심지어 화장실에 가는 것도 특권이었다. 나는 터키인 조수 네스린과 함께 작업했다. 그녀는 중동 문화의 관능적인 면을 소개해주었다. 배꼽춤이 그토록 자극적일 줄이야. 나는 그녀를 터키 솜사탕이라고 불렀다.

명신은 뉴욕에서 나날이 명성을 얻었다. 디스플레이 디자인이 열성 팬들을 끌어모았고, 작품들은 미술잡지에 실렸다. 명신의 관심은 온통 일뿐이었다. 그러면서 밥 쿠란과 노마 카말리 같은 디자이너를 새로 사귀었다. 보니라는 새 동료도 생겼는데, 보니는 만날 때마다 내 농담에 깔깔 웃어댔다. 모든 면에서 명신과 반대인 여자였다. 쾌활한 성격, 앳된 목소리, 따뜻하고 천진한 표정. 우리는 곧 사

명신은 뉴욕에서 디스플레이 디자인으로 나날이 명성을 얻었다.

랑에 빠졌다. 명신과 함께 지낸 지 14년 만이었다. 나는 자신이 헤매고 있다는 걸 알았다. 사랑, 아니 욕망은 물을 머금은 모래펄과도 같아서 일단 발을 들여놓으면 더 깊이 빠져든다. 나는 빠져나올 수도 없었고, 그러고 싶지도 않았다. 우리는 늦은 밤 빌딩숲 뒤에서, 큰 공원 구석의 벤치에서, 대도시의 온갖 곳에서 밀회를 가졌다. 우리는 황홀경에 빠졌다. 하지만 중국 옛 속담에 "고양이 꼬리가 너무 길면 문틈에 낀다"는 말이 있듯이 내 변명은 곧 알리바이를 잃었다. 게다가 나는 늘 거짓말이 서툴렀다. 결국 들통이 났다.

24시간이 채 안 돼서 명신은 떠났다. 커다란 흰 벽에 검은 붓글씨로 "모든 것이 헛되다"고 써놓고서. 명신과 가장 친한 게이 친구인 게리에게 전화를 걸었지만, 그는 아무것도 모른다고 우겼다. 죽여버린다고 위협하자 그제야 명신이 있는 곳을 말해주었다. 명신은 중심가에 있는 여성 전용 호텔에 묵고 있었다. 노크하고 들어갔더니, 너무 많이 울어서 얼굴이 퉁퉁 부어 있었다. 무릎을 꿇고 용서를 빌고 명신을 집으로 데려왔다. 나는 다시금 우리가 서로에게 얼마나 큰 의미인지 깨닫고, 한 번 더 기회를 준 하느님께 감사드렸다.

명신은 나와 보니의 관계가 끝난 걸 믿지 못해서 캘리포니아로 이사하고 싶어했다. 우리는 늘 캘리포니아에 매력을 느꼈다. 라구나 해변과 비벌리힐즈의 정경, 내가 즐겨 듣던 이글스의 〈호텔 캘리포니아〉. 그래, 떠나는 거다.

52번가 모퉁이에서 마지막으로 보니를 만났다. 우리는 눈물을 글썽이며 슬픈 미소를 지었다. 보니가 말없이 나를 안았다. 나도 그녀를 꼭 껴안았다. 잘 지내라고 말해주려 했더니, 그녀는 '쉿' 하고 내 말을 막았다. 기도라도 하듯 고개를 숙이고 걸어가는 뒷모습을 가만히 지켜보았다. 보니의 어깨가 5번 애버뉴 쪽으로 사라질 무렵, 나도 발길을 돌렸다.

Baby let me play with you
Give your bodice to my whims
Forget about your artist mind
Heaven can't wait till tonight

I'm not afraid of darkness
I'm not afraid of love
I'm not afraid of sunshine
I'm not afraid of tears

If you want me to, If you want me to
If you want me to, I will gladly make
If you want me to, If you want me to
If you want me to, I will gladly break

I can make you a summer's breeze
If not enough I'll dance for you
Don't be sad by past mistakes
You're safe enough to let it be 〈If You Want Me To〉

그대여 나와 함께 즐겨요
당신의 코르셋일랑 내게 맡겨요
예술가 정신 따윈 잊어요
천국은 오늘밤까지 기다려주지 않아요

난 어둠이 두렵지 않아
난 사랑이 두렵지 않아
난 햇빛이 두렵지 않아
난 눈물이 두렵지 않아

당신이 원한다면, 당신이 원한다면
당신이 원한다면, 나는 기꺼이 하겠어

당신이 원한다면, 당신이 원한다면
당신이 원한다면, 기꺼이 어기겠어

여름날 산들바람을 만들어줄게요
아니면 당신을 위해 춤도 추지요
지난날의 실수에 슬퍼 말아요
그런 건 내버려두어도 괜찮아요 〈당신이 원한다면〉

삼총사

 야자수가 아치를 이루며 늘어선 한가로운 거리. 우리는 할리우드 힐에 있는, 널찍한 침실이 둘 딸린 아파트에 자리를 잡았다. 집세가 뉴욕의 절반이었는데, 알고 보니 월급도 뉴욕의 절반이었다. 새로운 환경은 무덤덤한 결혼 생활에 활력을 불어넣어 준다. 남편과 아내는 새로운 장애물을 극복하기 위해 튼튼한 팀웍을 갖춰야 한다. 나는 곧 버뱅크 포토 스튜디오에 일자리를 구했고, 명신은 로데오 거리의 디자이너 아제딘 알리아와 함께 일하게 되었다. 뉴요커인 우리 눈에 로스앤젤레스는 컨트리 클럽 같았다. 우리는 인근의 라스베이거스, 카타리나 섬, 샌디에이고와 샌프란시스코를 여행하면서 첫해를 철저히 즐겼다. 매일 아침 새소리를 들으며 잠을 깼다.
 캘리포니아에 살면서 우리는 게을러졌다. 햇볕, 여유 있는 공간과 느린 생활 리듬. 캘리포니아 사람들은 무척 달랐다. 매사에 좀 무관심해 보이고 지적인 대화를 안 했다. 뉴멕시코의 타는 듯이 붉

런던의 펑크들과 함께 있는 명신(왼쪽에서 두 번째). 명신은 펑크들을 무척 사랑했다.

은 일몰을 음미하고 그랜드캐니언에서 명상에 잠기고 멕시코 테킬라를 한 입에 털어넣으면서 나는 뉴욕이 그리워지기 시작했다. "어이, 뭐야!" 하면서 거리를 걷는 푸에르토리칸들이 그립고, 그냥 구경만 하려고 들르던 서점도 그립고, 뉴욕 지하철역의 코를 찌르는 지린내마저 그리웠다. 가장 그리운 것은 활기찬 맨해튼 거리였다. 나는 하늘을 쳐다보며, 1년에 적어도 320일 이상 떠 있는 LA의 태양에 대고 "빌어먹을!" 하고 버럭 소리를 질렀다. 빌리 조엘의 〈New York State of Mind〉를 들었을 때, 그렇다 싶었다. 돌아가야 한다, 그곳으로.

내가 하도 고집을 피우는 바람에 명신도 결국 동의했다. 못내 꺼림칙해하면서도. 하느님이 돌보셨는지, 스튜디오에서 연금 계획을

취소하면서 계좌에 남은 돈을 내주고 있었다. 덕분에 나는 3천 달러를 받았다. 스튜디오 사장은 터무니없는 소문이 돌지 않도록 내가 떠나는 이유를 동료들에게 밝혀 달라고 부탁했다. 나는 직원들에게 사계절이 그리워서 떠난다고 말했다. 그랬더니 한 동료가 대꾸했다. "그래, 그들(포시즌스 그룹)의 음악도 좋지." 내게 캘리포니아는 머리가 텅 빈 미녀 같았다. LA에서 발간되는 책은 거의 도색잡지였고, 발전된 문화라곤 마약문화뿐이었다. 흔히 말하듯이 "뉴욕에서 뉴요커를 떠나보낼 수는 있지만, 뉴요커의 마음에서 뉴욕을 지울 수는 없다." 우리는 빨간 도요타 스테이션 왜건에 짐을 싣고 동부로 향했다.

우리는 남쪽 길을 택했다. 뉴멕시코 주의 타오스에 있는 조지아 오키프의 집에 안부 인사를 하고, 뉴올리언스에서 프리저베이션 홀 밴드를 듣고, 멤피스 주의 그레이슬랜드에서 엘비스 프레슬리의 유령과 내기 당구를 쳤다. 그러다 보니 어느덧 뉴욕 시에 와 있었다. 갑자기 우리는 겁이 났다. 지난 3년 동안 우리도 모르는 사이에 캘리포니아 사람이 되어 있었던 것이다. 뉴욕의 리듬에 따라 움직이려면 얼마간 시간이 걸리리라. 우리는 이스트빌리지의 세인트 마크스 호텔에 숙소를 정했다. 좀도둑들이 활개치기로 악명 높은 싸구려 여인숙이었다. 우리 스스로를 다시 제자리에 세우기까지 두 달은 족히 걸릴 터였다. 한 달이 채 지나기도 전에 차를 도둑맞자, 우리는 서로를 쳐다보며 말했다. "뉴욕에 오신 것을 환영합니다!"

1982년, 할아버지는 여든 살의 나이로 세상을 떠났다. 훌륭한 분이었고 훌륭한 생애를 살다 가셨다. 언젠가 할아버지에게 왜 내 이름을 大水, 즉 큰 강이 아니라 큰 강가라는 뜻의 大洙라고 지었느냐고 여쭤본 적이 있다. 할아버지는 모든 문화가 강가에서 시작되었다고 얘기해주었다. 나는 싸늘하게 식은 할아버지의 뺨에 입을 맞추고 작별 인사를 드렸다. 한씨 일가에서 맞는 첫 번째 죽음이었다. 2년 후 할머니가 같은 연세에 할아버지의 뒤를 따랐다. 부군에 대한 사랑 때문에 맞은 죽음이었다. 할아버지는 당신의 큰아들이 왜 행방을 감추었는지 끝내 알지 못하고 세상을 떠났다. 끊임없이 아들에게 물어보았지만. 나와 아버지의 관계는 점점 좋아지고 있었다. 어느 날 밤 축하할 일이 있어서 둘 다 꽤나 취했다. 나는 기회를 보아 종적이 묘연했던 17년 세월에 대해 물었다. 아버지는 당장 술이 깨서 말했다. "너무 늦었구나. 집에 가자."

나는 런던에 본사를 둔 회사에서 일하기 시작했다. 소유주는 《펜트하우스》 전속 사진작가였다. 그의 관심사를 반영한 듯 모델같이 아름다운 여성들이 함께 일했다. 덕분에 나는 조금 수월하게 근무할 수 있었다. 명신은 '잘나가는' 고급 패션 부티크인 세리버리에서 매장 관리자로 일했는데, 무척 까다롭고 힘든 일이었다. 우리는 옛 친구를 만나고 좋아하던 장소들을 다시 찾으면서 고향에 돌아온 기쁨을 만끽했다. 그 당시 절친한 한국인 친구 두 사람이 있었는데, 변종곤과 정찬승이었다.

변종곤은 대구 출신으로, 뉴욕 미술계에서 명성을 얻겠다는 각오가 대단했다. 면도날 같은 성격 탓에(별명이 도루코 면도날이었다) 그림 스타일도 하이퍼리얼리즘이었다. 그는 돋보기를 들고 몇 달씩 작업하여 작품 하나를 내놓았다. 그는 할렘에 살면서 말로 다 할 수 없는 고생을 하고 있었고, 생활비를 벌기 위해 가게에서 생선 대가리를 잘랐다. 보다 못한 내가 배고픔이라도 면하라고 우유와 꿀을 대주었다. 어느 날 독일 미술상이 생선 가게에 왔다가 그가 전시해놓은 그림들을 보았다. "이건 누구 그림이오?" 변종곤이 생선 비린내 나는 앞치마를 두른 채 나와서 대답했다. "내가 그렸소." 그 뒷이야기는 역사가 되었다. 변종곤은 구겐하임 미술관과 도쿄 화랑들뿐 아니라 소호의 갤러리들에서 정기적으로 전시회를 가졌다. 요즘 그의 작품은 한 점에 4만 달러 이상을 호가하는데, 그는 지금도 내가 우유와 꿀을 준 이야기를 하곤 한다.

변종곤이 금주가에 미스터 클린(Mr. Clean)이었다면, 정찬승은 그 반대였다. 브루클린의 그린포인트에 있는 널찍한 작업실에는 쓰레기통에서 주워온 폐품과 작업 중인 '정크 아트'가 수없이 흩어져 있었다. 예술에 대한 정찬승의 급진적인 접근방식은 급진적인 생활양식과 잘 어울렸다. 그 속에서 그는 술을 마셨고 자신의 현실을 바꾸는 일이면 무엇이든지 했다. 그의 작품은 이해받지 못하고 '정크'로 버려졌다. 하지만 나는 쓰레기 더미에서 피어난 꽃과, 두

삼총사. 정찬승, 변종곤, 나.

개골 그림에서 뿜어나오는 희망의 빛과, 썩어가는 귤이 된 시간 자체를 보았다. 서울에서 음악활동을 하던 시절부터 알았는데, 뉴욕의 메이시 백화점 앞에서 7년 만에 우연히 마주쳤다. 참으로 보기 드문 일이었다. 우리 셋은 그렇게 '삼총사'가 되었다.

그녀가 떠난 자리

명신은 매장 관리자로서 상점을 유지하느라 엄청난 부담을 안고 있었다. 판매에서부터 임금 관리, 디스플레이 디자인까지 모든 것을 관할해야 했다. 늘 밤늦게 오기야 했지만, 귀가 시간이 점점 늦어졌다. 어떤 때는 주말에도 상점의 '새로운 프로젝트' 때문에 집을 비우곤 했다. 1988년, 우리 둘 다 마흔 번째 생일을 막 지난 때였다.

어느 날 아침에 일어나 그녀가 말했다. "대수 씨, 당신은 자신을 사랑하지 않아. 난 나를 사랑하니까 자신을 사랑하지 않는 사람과는 살 수 없어." 나는 당황했다. 무슨 뜻으로 하는 말인지 알 수가 없었다. 그러더니 그녀는 독립을 선언하고 별거하겠다고 했다. 망치로 뒤통수를 얻어맞은 기분이었다. "여보, 잠깐만. 이 문제는 곰곰이 생각해보자구." 우리는 서로 일이 너무 많아서 스트레스를 받은 것이니 바하마에 가서 느긋하게 쉬며 찬찬히 생각해보자고 했다. 명신도 동의했다. 나는 특별휴가를 얻었다. 빡빡한 사진업계에서는 거의 불가능한 일이었지만, 결혼 생활이 위태롭다는 사실을 밝혔다. 그리고 금요일에 여행을 떠날 채비를 했다. 하지만 그녀는 집에 오지 않았다. 이튿날 전화가 왔다. "지금 샌프란시스코야. 나, 이미 당신을 떠났어. 레벤설 씨 사무실에 가서 이혼 서류에 사인해." 나는 좀더 설명을 듣고 싶다고, 시간을 달라고 애걸했지만 아무 소용이 없었다. 그녀는 헤어지면서 보니의 일을 빼먹지 않고 입에 올렸다. 5년도 더 지난 일을.

비틀즈의 노래 가사가 생각났다. "그리고 결국, 당신이 받는 사랑은 당신이 만든 사랑만큼이다." 나는 완전히 마비되었다. 얼마 후 샌프란시스코에 사는 처제한테서 전화가 왔다. 명신에게 새 남자가 생겼고, 내가 이혼 서류에 사인하는 즉시 결혼할 예정이니 나도 내 삶을 찾으라고 충고하는 전화였다. 나중에 안 사실이지만, 명신은 조수로 채용한 모델과 사귀고 있었다. 그는 랄프 봄이라는 동독인으로, 서독으로 망명하여 패션의 본고장에서 명성을 얻으려고 뉴욕에 온 남자였다. 결국 나는 사인을 하기로 했다.

제일 좋은 양복을 차려입고 넥타이를 맸다. 평소에는 전혀 안 하던 차림이었다. 결혼의 죽음을 선언하는 장례식과 같은, 일종의 의식을 앞둔 심정이었다. 브로드웨이를 걷는 내 마음은 텅 빈 바람동굴 같았다. 온통 헝클어진 얼굴들, 유령처럼 춤추며 떠가는 형체들, 내 앞에서 도미노처럼 무너지는 건물들. 사무실로 들어가 이혼 서류에 서명을 했다. 그리고 비서에게 물었다. 명신은 어떻게 지내느냐고. "잘 지내요." 그녀는 공허한 내 눈빛을 보고는 얼른 고쳐 말했다. "죄송해요······."

아무도 없는 아파트로 돌아오니 시계 소리가 귓가에 뎅뎅 울렸다. 나는 허공을 쳐다보다가 그녀와 함께 내 모든 젊음이 떠났음을

마흔의 나에게는 아무도 남아 있지 않았다. 내 젊음의 시련을, 어리석음을 이해해줄 사람이 없었다.

깨달았다. 명신은 내 삶의 전부였다! 명신이 기뻐할 때의 웃음소리, "대수 씨"라고 부르던 허스키한 음성, 서울의 좁다란 거리들을 뛰어다니며 데이트하던 일, 처음으로 미국의 록 콘서트에 가서 흥분하던 얼굴, 사랑을 나누고 싶을 때마다 우리가 은밀히 주고받던 신호들. 나는 완전히 무너져내렸다.

One day she said, "Babe I must go"
I didn't know what she was meaning
And when she told me our love
Was in doubt, I said "How come?" ooh ooh
Oh woman tell me, what it is?
Is it because I tried too hard?
I struggled on through years for
Life with you and now you've changed, ooh ooh

She told me she's found someone new
Who fills her life with pleasant dreams
She'll ride the backseat of a
Limousine with fancy wine, ooh ooh

What is this thing that tears my mind
What is this life without her by my side
I can remember her saying
"Love is love and life is life" ooh ooh

I closed my eyes, I couldn't breathe
I didn't know what time it was
And so I left the room with
Out a word and then I broke, ooh ooh ⟨One Day⟩

어느 날 그녀가 말했지 "난 떠나야 돼요"
나는 무슨 말인지 몰랐네
그녀가 우리 사랑 못 믿겠다 했을 때도

나는 "왜?"라고만 했네, 우우
오 여인이여 말해주오 왜지요?
내가 너무 애썼던 까닭인가요?
긴긴 세월 당신과 함께 하는 삶을 위해
몸부림쳤는데 이제 당신은 변했군요, 우우

그녀는 새 사람을 찾았다고 하네
인생을 즐거운 꿈으로 채워줄 누군가를
훌륭한 와인을 들고
리무진 뒷좌석에 앉을 거라네, 우우

내 마음 눈물짓게 하는 이것은 무엇인가
그녀가 곁에 없는 이 삶은 무엇인가
그녀는 말했지
"사랑은 사랑, 인생은 인생" 우우

눈을 감았네, 숨쉴 수가 없었네
시간도 알 수 없었네
그렇게 나는 그 방을 나왔지
한마디 말 없이, 그리고 울음을 터뜨렸네, 우우 〈어느 날〉

 내가 많은 실수를 저질렀음을 깨달았다. 그럴 수 있었는데……, 그래야 했는데……, 그랬을 텐데……. 하지만 이제 와서 무슨 소용이란 말인가? 여기 마흔의 나에게는 아무도 남아 있지 않았다. 내 젊음의 시련을, 음악 하던 시절과 군대 시절을, 내 어리석음을 이해해줄 사람이 없었다. 함께 나눌 사람이 없었다. 계속 살아가려면 그 아파트에서 나와야 했다. 고통스런 추억들을 지우기 위해. 언젠가 '기억상실'이라는 앨범을 만들리라. 새롭게 시작하기 위해 모든 것을 내다 팔았다. 변종곤과 정찬승을 비롯한 친구들이 내 셔

츠에 별을 하나 꽂아주고는 "이제 자네도 별을 달았으니 장군이 되었네" 하며 위로해주었다. 모두 이혼을 하여 가슴에 별 하나씩을 단 친구들이었다. 우리는 모두 쓸쓸하게 웃었다.

친구들이 나서서 결혼 생활 때 쓰던 물건들을 처분해주었다. 변종곤이 전두환 대통령의 장남 전재국을 데려왔다. 오랫동안 나의 팬이었고 내 물건들을 사고 싶어한다는 것이었다. "전 대통령 아들이라고? 난 몰라, 왠지 꺼림칙한걸." 나는 광주에서 일어난 비극을 알고 있었고 언론을 통해 부정적인 이미지를 갖고 있었다. 전재국은 아내와 함께 찾아왔다. 예술, 정치, 그리고 세계에 미치는 미국의 영향력 등에 대해 이야기를 나누면서 나는 깊은 인상을 받았다. 나중에는 펜실베이니아 대학에 다니던 이 명석한 젊은 지식인에게 감탄하게 될 정도였다. 한창 자라는 어린아이에게 환경이 얼마나 중요한지 새삼 확신할 수 있었다. 그는 명백히 사회의 엘리트 계층이 키워낸 인물이었다. 세계 지도자들과 교육받은 장군들과 외교관들 틈에서 자란 청년. 나는 그렇게 훌륭한 아들을 키워낸 전 대통령이 다시 보였다.

전재국은 27인치짜리 소니 스테레오 TV(신제품이었다)와 우리 부부가 멕시코에서 구입하여 소중히 간직해왔던 스페인제 촛대들을 사갔다. 그의 친구 변태호(유명한 화가 변종화의 아들)는 스테레오와 전자제품들을 사갔다. 그 역시 펜실베이니아 대학에서 건축 디자인을 전공하는 멋진 젊은이였

14년 만에 발표한 세 번째 앨범 《무한대》.

다. 나는 명신이 남기고 간 옷들 중에서 유명 디자이너의 것만 빼고 모두 구세군에 주었다. 선인장과 기타들만 남겨두고 아파트에 있는 것을 모두 없앴다. 내 방은 빈센트 반 고흐가 그렸던 프랑스 아를의 방을 연상시켰다. 그가 겪었을 외로움의 고통을 똑같이 느꼈다. 잠이 오지 않았다. 내 몸을 누르던 명신의 따스한 몸을 느낄 수 없었으므로. 그것은 6천 밤도 넘는 세월의 습관이었다. 우리, 인간은 습관의 동물인 것이다. 나는 종종 혼자 잠드는 악몽에서 깨어나곤 했다. 새벽 3시, 담배만이 유일한 위안이었다. 하도 말을 안 해서 입 안에서 냄새가 날 정도였다. 그래서 잠이 깨면 거울 속의 나를 바라보며 말했다. "잘 잤니 대수야, 참 좋아 보이는구나."

정찬승은 나를 혼자 내버려두지 않으려고 애썼다. 술집에 자주 데려가고 이따금 술집여자를 붙여주기도 했다. 하지만 내 우울은 더욱 깊어졌다. 미치지 않기 위해 뭔가를 해야간 했다. 다시 음악에 집중하기로 마음먹었다. 작곡을 시작했고, 노래들은 기다렸다는 듯 쏟아져나왔다.

하루 아침 눈뜨니 기분이 이상해서 시간은 11시 반 아! 피곤하구나
소주나 한 잔 마시고 소주나 두 잔 마시고 소주나 석 잔 마시고 일어났다

할 말도 하나 없이 갈 데도 없어서 뒤에 있는 언덕을 다! 올라가면서
소리를 한 번 지르고 노래를 한 번 부르니 옆에 있는 나무가 사라지더라

배는 조금 고프고 눈은 본 것 없어서 광복동에 들어가 아! 국수나 한 그릇 마시고
빠문 앞에 기대어 치마 구경하다가 하품 네 번 하고서 집으로 왔다

방문을 열고 보니 반겨주는 개미 셋 안녕하세요 한 사장 그간 오래간만이오

하고 인사를 하네
소주나 한 잔 마시고 소주나 두 잔 마시고 소주나 석 잔 마시고 잠을 잤다
〈하루 아침〉

흐린 낮과 밝은 밤 또 날 지나가니 잡으려다 못 잡아본 하루 넘겨보고서
입만 가진 동물들 다들 걸어가며 태양빛도 못 느끼며 각각 집에 들르네
또 가야지 다른 곳 찾아서 계속하는 길만 따라서

등 뒤엔 옛 마을 잠을 자는 듯이 홀린 마음 다 주워서 모아 등에 메고
비는 내려 내 눈앞을 가로막으면서 이리저리 낙서된 밤의 공책 지워서
또 가야지 다른 곳 찾아서 계속하는 길만 따라서

지나가는 처녀요 나를 사랑하게 나의 손은 차와요 나의 발은 굳었소
집은 하늘땅이요 동서남북 없이 오는 곳은 가는 곳 돛을 잃은 배같소
또 가야지 다른 곳 찾아서 계속하는 길만 따라서
〈또 가야지〉

그리고 베토벤의 월광 소나타 첫 세 음을 따서 연주곡을 만들었다. 어린 시절을 일깨워주는 어린이 합창으로 끝을 맺는 〈무한대〉. 모두 나의 외로움과 실연을 반영한 곡들이다. 나는 녹음을 하기로 결심했다. 신세계레코드의 윤상호 사장에게 연락했다. 그러고는 서울로 가는 대한항공 여객기에 몸을 실었다. 14시간의 긴 비행 동안, 나는 자살 충동에 사로잡혀 비행기가 추락하기를 간절히 바랐다.

서울에 도착하자마자, 윤 사장은 아들 윤태원에게 내 앨범의 제작을 맡겼다. 스물셋밖에 안 된 청년이었지만, 금세 마음이 통했다. 그는 어렸을 때 아버지가 가져온 내 앨범 《멀고 먼 길》의 표지를 보고 겁을 먹었다고 했다. 첫 곡인 〈물 좀 주소〉를 들었을 때는 더욱 충격을 받았다고. 그는 내가 무엇을 원하는지 정확히 알고 있었다.

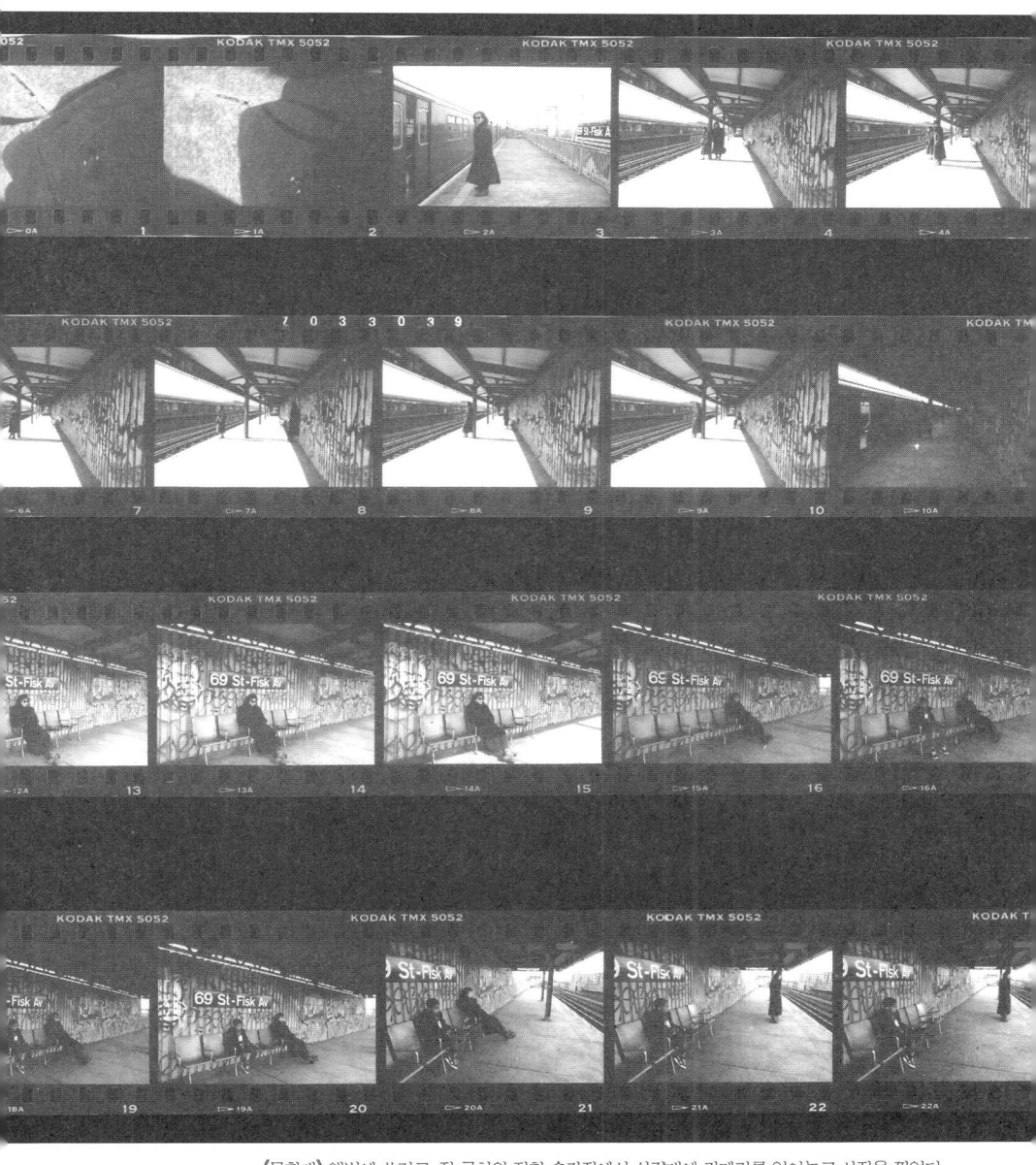

《무한대》 앨범에 쓰려고, 집 근처의 전철 승강장에서 삼각대에 카메라를 얹어놓고 사진을 찍었다.

당장 밴드를 결성했다. 스물셋의 손무현이 기타를, 김영진이 베이스를, 스물둘의 또 다른 김민기가 드럼을 맡았다. 젊은 프로듀서와 젊은 밴드, 내가 바라던 바였다. 내가 처음 콘서트를 열었을 때 이 멤버들은 겨우 두세 살이었다. 우리는 하루에 한 곡씩 녹음했는데, 대부분 라이브로 2주 만에 앨범이 완성되었다. 녹음 기간 동안 밴드 멤버들과 절친한 친구 하나가 날마다 들렀다. 김종서라는 이 젊은이는 로버트 플랜트를 연상시키는 날카로운 고음을 갖고 있었다. 그는 〈마지막 꿈〉에서 자원하여 노래를 불렀는데, 첫 번째 녹음에서 이미 완벽했다. 내가 슬픔의 시간 속에서 '엄마'를 부르고 있을 때 그의 목소리는 내 절망을 끝까지 밀고 갔다. 편곡이 필요한 몇 곡은 송홍섭 팀의 탁월한 솜씨를 빌렸다. 어린이 합창은 윤태원이 사촌과 조카들을 데려와서 녹음했다. 드디어 앨범이 완성되어 발매를 앞두게 되었다.

하지만 발매는 이루어지지 않았다. 문공부가 허가를 내주지 않은 것이다. 그들은 영어로 쓴 네 곡을 문제삼았다. 말도 안 되는 처사였다. 패티 김이 폴 앵카가 쓴 〈마이 웨이〉를 부르는 마당에, 왜 내가 직접 쓴 영어 노래는 부를 수 없지? 힘들었던 작업도 모두 수포로 돌아가고. 나는 화가 났다. 윤상호 사장에게 이 나라를 떠나 두 주 동안 도쿄에 머물겠다고 했다. 그때까지 발매 허가가 나지 않으면 뉴욕으로 돌아가겠다고 하면서. 《고무신》 시절이 떠올랐다. 두 주가 다 지나기 전, 윤태원 사장이 신주쿠 호텔로 전화를 걸어왔다. "드디어 허락을 받아냈어요." 나는 서울로 돌아와 카페 '미국 낙서'에서 성대한 파티를 열었다. 그리고 뉴욕으로 돌아갔다.

모두 잊고 새로 시작하고 싶어

뉴욕에 돌아가니 팬 한 사람이 자기 아파트에서 함께 살자고 했다. 혼자 사는 것보다 좋을 것 같아 그러자고 했다. 맨해튼에 있는 아파트 가운데 독신 가구가 54퍼센트나 된다는 《뉴욕 타임스》 기사를 보고 좀 위안이 되기도 했다. 그만큼 독신이 많다는 뜻이니까. 독신자들을 만나 조언을 구했더니, 하나같이 이렇게 말했다. "당신은 절대 혼자가 아니에요. 당신 자신이 있잖아요." 하지만 나는 명신이 그리웠고 그녀를 생각하지 않는 날이 단 하루도 없었다.

혹시 섹스 때문에 내가 결혼 생활에서 떨어져나온 것은 아닐까? 혹시 섹스 때문에 명신이 영원히 날 떠난 건 아닐까? 나는 점점 섹스가 두려워졌다. 내 단골 음식점에서 웨이트리스로 일하던 오랜 팬과 내 방에서 하룻밤을 보냈다. 하지만 여지없이 실패하고 말았다. 서울에서도 매력적인 아가씨와 또 한 번의 기회가 있었지만 도저히 일을 치를 수가 없었다. 여자들이 지닌 욕망의 현을 제대로 연주하지 못하는 것에 죄책감을 느꼈다. 그리고 죄책감은 더 큰 두려움을 낳았다. 내 마음은 메말랐고 육체마저 사막이 되어갔다.

예전에 케리 커피라는 아일랜드계 이탈리아 아가씨와 2년간 한 직장에서 일했는데, 이 무렵부터 자주 만나게 되었다. 별빛을 훔쳐 온 듯 푸른 눈을 가진 아름다운 여자. 그녀는 어렸을 때 화가 아버지를 암으로 잃은 슬픔을 극복하지 못하고 스물셋이라는 성숙한 나이가 될 때까지 정신과 의사의 상담을 받고 있었다. 우리는 화랑까지 오래도록 산책하고, 이탈리아 식당에서 함께 저녁을 들면서 서로의 두려움을 덜어주었다. 그녀는 여러 남자를 사랑하는 것을 두고 변명하지 않았다. 실제로 각 인종마다 한 명씩 남자친구를 두고 있었고, 나는 동양인 대표인 셈이었다. 나는 단순히 육체의 아름다움만이 아니라 삶에 대해 솔직한 백인 여자의 아름다움에 눈 뜨기 시작했다. 그리고 이 노래가 태어났다.

White woman Can I come home with you?
White woman Can I belong to you?
White woman Can I sip tea with you?

I see you walking down the street
You know you're jewel of the crown
Can I hold you into my arms
You know you just won't be had
White white white woman

White woman Can I come home with you?
White woman Can I be dear to you?

I see you walking into my dreams
With just the trace of your smile
Can I hide there in between

You know you just want to bait
White white white woman

You're so delectable, undeniable
You're so naughty, haughty
White velvet, white satin
White secrets, white woman 〈White Woman〉

백인 여자여 우리집에 갈래요?
백인 여자여 나를 받아줄래요?
백인 여자여 차 한 잔 할래요?

거리를 걷는 당신을 보네
당신은 보석 중의 보석이야
당신을 안을 수 있을까
당신이 소유물이라는 건 아니지
백인 백인 백인 여자여

백인 여자여 우리집에 갈래요?
백인 여자여 내가 당신의 사랑일 순 없나요?

보일 듯 말 듯 미소를 띄우고
내 꿈속으로 걸어오는 그대를 보네
내가 그 속에 숨을 순 없을까
당신은 그저 날 놀리려고만 하지
백인 백인 백인 여자여

당신은 너무나 유쾌하고 완벽해
당신은 너무나 짓궂고 도도해
하얀 벨벳 하얀 새틴
하얀 비밀 백인 여자여 〈백인 여자〉

이때쯤 양희은이 사업을 하는 남편과 함께 뉴욕으로 이사를 왔다. 서울에서 딱 한 번 만났는데, 이제 고국을 등진 음악가끼리 우정을 꽃피울 좋은 기회가 생긴 것이다. 양희은이 남편과 친구들을 데리고 이 홀아비 집에 찾아오기 시작했고, 그러면 나는 부엌에서 부랴부랴 요리를 하곤 했다. 그녀는 내가 만든 요리 중에서 대합 소스를 곁들인 스파게티를 특히 좋아했고, 나는 뉴저지 주 포트리에 있는 아늑한 그녀의 집에서 한식 진수성찬을 실컷 먹곤 했다. 그녀는 힘든 암 치료에다 갑자기 낯선 땅에서 무명인으로 살아가게 된 처지 때문에 괴로워했다. 내 노래 〈바람과 나〉의 가사처럼 '무명 무실 무감한 님' 같은 기분이 든다고 했다. 나는 그녀를 보면 여장군이 떠올라 곧 그녀를 양장군이라고 불렀다.

바쁘게 사는 것만이 사랑을 치유할 수 있었다. 나는 건축 스튜디오로 일자리를 옮겼다. 거기서 너새니얼 리버만의 개인 비서 겸 인화를 맡았는데, 그는 자기 분야에서 최고로 인정받는 사람이고,

《기억상실》 시절. 홈리스처럼 대낮에 벤치에 누웠다.

I. M. 페이 앤드 파트너스 사의 일을 도맡다시피 했다. 건축사진을 찍는 데 그토록 많은 노동이 필요한 줄은 미처 몰랐다. 우리는 오전 내내 조명과 장비를 설치하고 오후가 되어서야 촬영에 들어갔다. 단 한 번의 촬영을 위해 그렇게 공을 들이는 것이다. 촬영이 끝나면 브루클린에 있는 리버만의 전원풍 저택의 벽난로 옆에서 술을 마시며 그의 가족과 어울리곤 했다. 그의 아내 앤은 언제나 나에게 이혼한 자기 친구들을 소개해주려고 애썼다. 그러다가 결국 금발의 아름다운 정신과 의사를 소개해주겠다고 해서 만나보았다. 물론 그녀는 아름다운 금발이었다. 하지만 나와 비슷한 연배였다. 나는 전혀 매력을 느낄 수 없었다. "남자는 나이가 들면서 위엄이 생기지만, 여자는 그저 나이만 먹는다"는 말은 슬프지만 사실이었다. 소니(너새니얼의 애칭)는《맨해튼 빛의 광장》이라는 훌륭한 건축사진집을 출판했는데, 그 책에 실린 사진의 인화 작업은 모두 내가 맡았다.

에드 머과이어, 이우창, 잭 리. 나는 벤치에 앉아 있다.

한국 언더그라운드 공동체의 비공식 회장이자 내 절친한 친구인 서재순을 통해 잭 리를 만났다. 스물넷의 야심 찬 재즈 기타리스트인 그는 맨해튼에 있는 자신의 아파트에 작은 스튜디오를 마련해놓고 있었다. 그는 《무한대》 앨범에서 내 작업에 감명을 받았고, 나도 그가 자기 동료들과 만들어내는 소리에 깊은 인상을 받았다. 대화를 통해 음악적 자극을 받은 그들은 재즈 앨범을 만들자고 제안했다. 나는 재즈에 대해서 아무것도 몰랐다. 심지어 마일스 데이비스가 타계하기 직전에 에이버리 피셔 홀에서 열렸던 마지막 콘서트에 케리와 함께 갔다가 졸았던 일도 있다. 하지만 나는 "거 참 재밌겠는걸, 난 겁 안 나"라고 말했다.

네 번째 앨범 《기억상실》.

앨범에 《기억상실》이라는 이름을 붙였다. 다시 태어난 아기처럼 과거를 모두 잊고 새로 시작하고 싶었기 때문이다. 타이틀곡 〈기억상실〉은 연주곡으로, 알레그로, 비바체, 아다지오, 프레스토라는 클래식적 구성을 바탕으로 즉흥 연주 기법을 사용했다. 가끔 놀랍고 멋진 결과를 낳기도 하기 때문에 나는 음악형식을 혼합하기를 좋아한다. 〈White Woman〉, 내 상사의 아내 앤 리버만이 라디오 뉴스를 낭독한 〈Headless Man〉, 멜로냐라는 흑인 여자가 한국말로 노래한 〈해가 서쪽에서 뜬다〉 같은 곡들이 그랬다. 양희은의 도움을 받았던 〈아무리 봐도 안 보여〉에는 그때 내 심정을 그대로 담았다. 아무래도 행복한 결혼이나 마음의 평화를 얻을 수 있을 것 같지 않았다. '이야 이야 이야워' 말고는 나의 공허함을 표현할 말이 없었기에 이 노래에는 가사가 없다.

양희은은 녹음이 3년 만에 처음인 데다 뉴욕에서 처음 하는 작업이어서인지 가장 훌륭한 노래를 들려주었다. 그녀 역시 고국을 떠난 공허감과 앞날을 내다볼 수 없는 건강상태를 절감하고 있었다. 황혼이 내려앉은 맨해튼의 저녁 하늘은 따스한 주홍빛으로 물들었다. 에디가 연주하는 고풍스런 바이올린의 흐느낌 위로 양희은의 수정같이 맑은 목소리가 흐를 때 나도 모르게 울고 있었다.

앨범 표지는 이중 인화의 전문가인 동료 사진작가 피터 맥클레넌에게 맡겼다. 그는 집도 없고 나라도 없는 나의 육신을, 푸른 하늘을 등지고 서 있는 고목으로 표현해냈다. 살바도르 달리 스타일의 완벽한 작품이었다.

마침 그때 김진성이 김세환과 미국 순회공연을 하고 있었다. 양 장군이 자리를 마련하여 차이나타운에서 함께 점심을 먹었다. 뉴욕 한복판에서 이렇게 유명한 한국인들을 보다니 참 신기했다. 김진성은 들어보지도 않고 《기억상실》 앨범을 제작하겠다고 나섰다. 시기가 딱 맞아떨어졌고 앨범은 1991년 11월에 출시되었다.

천사들의 담화

　　　　　　　　　　　어느 화창한 오후, 전화가 걸려왔다. 너무나 귀에 익은 목소리여서 마치 꿈을 꾸는 것 같았다. "대수 씨, 어떻게 지내?" 본래도 허스키한 음성이 더 허스키해져 있었다. 나는 정신이 번쩍 들어 물었다. "무슨 일 있어?" 명신은 스페인 남부 말라가에 본부를 둔 스페인 최대의 패션 매장 '자라 인터내셔널'의 미국 지역 책임자였다. 그런데 말라가에서 여러 차례 간부 회의를 갖는 동안 회장이 집적거렸고 명신은 거절했다. 결국 높은 봉급도 직장도 날아가고, 빚만 잔뜩 지게 되었다는 것이다.

　문에 들어서는 명신을 보았다. 고왔던 얼굴은 슬픔으로 수척해졌고 머리 모양도 흐트러져 있었다. 신경쇠약을 앓았다고 했다. 다시 그녀를 안은 순간 괴로움은 눈 녹듯 사라졌다. 나는 그녀를 회복시키겠다고 다짐했다. 정신이란 부서지기 쉬운 것이다. 한번 부서지면 자신만의 어두운 우주의 심연으로 떨어져 다시는 나오지 않는다. "당신 남편은 뭐 해?" 내가 물었다. 명신의 남편 랄프는 모델로 웬만큼 성공을 거두었지만, 패션업계의 실세인 유태인들의 공격을 받아 '나치'로 몰리게 되었다고 한다. 그 거센 공격을 이겨내지 못하고 지금은 공원에서 살고 있다는 것이다. "공원? 그럼 홈리스란 말야?" 우리 둘은 당장 플러싱 매도스 공원으로 달려가 그를 데려왔다.

랄프는 내가 준 수프와 맥주를 단숨에 해치웠다. 독일어 억양이 강한, 매력적인 미남이었다. 그렇게 우리는 함께 살게 되었다. 명신과 전남편과 현재 남편, 이렇게 셋이서. 나는 명신이 먹고 싶어 하는 한국 음식들을 요리해주고 마음 편히 지내도록 배려했다. 명신은 끊임없이 이야기하고 나는 계속 들어주었다. 얼마 지나지 않아 상태가 호전되었다.

하지만 아이러니하게도 명신은 상태가 좋아질수록 두 남편과 사는 자신의 현실이 얼마나 우스꽝스러운지 깨닫게 되었다. 나는 랄프와 친해져서 고등학교 때 배운 독일어로 그를 웃기곤 했다. 석 달이 지나자 그런 생활도 마감할 때가 되었다. 랄프는 독일로 돌아가겠다면서 명신에게 선택할 자유를 주었다. 나는 그녀만 좋다면 함께 새출발을 할 수도 있다고 했지만, 그 문제는 온전히 그녀에게 달려 있었다. 명신은 며칠 동안 생각한 끝에 랄프와 독일로 돌아가겠다고 했다. 나는 악수를 하고 행복을 빌어주었다.

평소에 이탈리아인이나 아일랜드인과 친하게 지냈던 나는 이탈리아를 여행하기로 마음먹었다. 혼자 여행하기는 처음이었다. 런던의 마키 클럽에서의 멋진 추억들과 파리의 물랭루즈에서 명신과 취하도록 술을 마셨던 기억이 잇따라 떠올랐다. 로마에 도착하자마자 시장기를 느끼고 먹을 곳을 찾았다. 하지만 로마에서는 오후 2시면 가게들이 모두 문을 닫았다. 처음에는 온 도시가 파업 중인가 보다 했는데, 나중에 호텔 수위한테 들어보니 오후 휴식을 위해 가게들이 3시까지 문을 닫는다고 했다. "팔자 좋네! 로마인들은 사는 법을 아는군." 나는 혼잣말로 중얼거렸다.

바티칸 대성당에서 콜로세움까지 로마의 웅장함에 푹 빠졌다. 경제는 혼란스럽고 실업률이 20퍼센트에 육박해도 개의치 않는 게 이탈리아인들의 매력이었다. 자신들은 '로마인'이었던 것이다. 토스카나의 언덕들을 지나는 즐거운 기차 여행 끝에 피렌체에 이르자, 이 아담한 도시에서 살고 싶다는 생각이 들었다. 다비드를 조각하는 미켈란젤로의 끌 소리가 들려오는 듯했다. 이곳 사람들은 진짜 살아 있었다! 뉴욕의 계산적인 삶과는 달랐다. 베네치아의 대운하에 다가갈 때는 이 꿈의 도시를 찬양하는 바이런의 노래가 들리고, 부당한 평가를 받았던 시인 에즈라 파운드가 임종할 때 읊은 〈칸토스〉의 마지막 시구가 들리는 듯했다.

I have tried to write Paradise
Do not move
Let the wind speak
that is paradise

나는 천국을 쓰려고 했지
가만히 있게
바람이 이야기하도록
그것이 천국이니

도제궁 복도를 걷다가 나를 내려다보는 수많은 천사들을 보았다. 마치 상처입은 내 영혼을 치유해주는 듯했다. 안내원이 설명했다. "천사들은 모두 금발입니다. 금발은 선의 상징이니까요." 남자들이 금발 여자를 좋아하는 것도 무리는 아니다. 나는 영감을 받았고, 새 앨범을 만들고 싶어졌다.

뉴욕에 돌아오자마자 피아니스트 이우창을 만났다. 그는 잭 리의 동생이었다. 그는 유명한 맨해튼 재즈학교 학생이었고 평소에 허물없이 지내는 사이였다. 피아니스트와 함께 앨범을 만드는 건 처음이었지만, 어쩌면 흥미로운 사운드가 나올 수도 있겠다 싶었고 피아니스트였던 어머니에게 존경을 표하는 일 같기도 했다.

내 머릿속에 천사들이 있었고, 그들의 속삭임도 들을 수 있었다. 우리는 앨범 이름을 《천사들의 담화》라고 지었다. 그때는 신디사이저와 컴퓨터 프로그래밍 드럼이 범람하고 있었다. 나는 그런 음악이 지겨웠다. 차가운 스튜디오 분위기에서 벗어나 자연스런 환경에서 자연스런 사운드를 얻고 싶었다. 음질은 떨어지겠지만, 치밀하게 짜여진 이 세상에서는 불완전함이 오히려 완전함일 것 같았다.

5집 앨범 《천사들의 담화》.

우창도 자기 모색을 하고 있던 참이라 이 착상에 동의했다. 개방적이고 초현실적인, 보기 드문 컨셉트였다. 나는 근본적으로 음악 자체의 의미를 공격하고자 했다. 2분 동안 창 밖에 마이크를 대놓고 〈침묵〉을 녹음하고, 타자기를 타악기처럼 썼다. 우창은 자신이 작곡한 〈우주〉를 실었고, 나는 기타로 처음 배운 노래, 〈목포의 눈물〉을 불렀다.

거실 한복판에 놓아둔 디지털 녹음기로 2주 동안 이 곡들을 녹음했다. 구세군에서 240달러에 중고 피아노를 구입하고, 우창의 학교 친구들에게 세션을 맡기고, 고모부 둘을 데려와 코러스를 시켰

앨범 《천사들의 담화》는 자연스런 사운드를 얻고 싶어 우리집 거실에서 녹음했다.

다. 마침내 내가 원하는 사운드가 나왔다. 뮤지션들이 방 안에 모여 즉흥적으로 재즈를 연주한 듯 여기저기 실수도 보이는, 있는 그대로의 인간적인 사운드였다. 로이 라이트가 하늘을 배경으로 아름다운 흑백 톤의 사진을 찍어주어 앨범 표지로 삼았다. 앨범은 완성되었지만 아무도 그 앨범을 출시하려 들지 않았다. 음질도 나쁘고 레코드 회사들이 앨범의 음악적 컨셉트를 이해하지 못했기 때문이었다. 그런데 일본 레코드사인 포니 캐니언이 개입하여 모험을 걸었다. 그렇게 해서 1992년에 앨범이 출시되었다.

뉴욕에는 독신자가 전체 가구의 50퍼센트에 이를 정도로 많았지만, 나는 여전히 독신 생활을 잘 꾸려가지 못했다. 독신자 파티, 독신자 휴가, 독신자 술집에 초대받기도 했지만 영 재미가 없었다.

신문에는 제 짝을 찾는 독신자 광고들이 수두룩했다.

푸른 눈에 금발, 매력 있고 날씬한 전문직 여성, 36세. 하이킹, 자전거 타기, 예술과 여행을 좋아함. 모험을 위해 32~42세의 따뜻하고 배려할 줄 아는 성공한 남성을 구함. EXT 5588.

하이킹 갑시다! 예쁘고 날씬한 전문직 유태인 여성, 38세. 키 157센티, 갈색 머리에 초록색 눈동자, 솔직하고 건강하고 옥외 활동을 좋아함. 위와 똑같은 조건에 38~42세의 전문직 남성을 찾음. 친구 또는 미래를 함께할 사람을 원함. EXT 5483.

눈에 띄는 검은 머리의 미인. 키가 크고 날씬하고 균형 잡힌 몸매, 32세. 끝내주게 멋진 여성. 키가 아주 크고(185센티미터 이상) 식시하고 잘생기고 파티를 좋아하는 남성과 황홀한 밤의 절정을 함께 나누기를 원함. EXT 5449.

매력적인 여성, 35세. 친구나 연인이 되어줄 35~40세의 독신 백인 남성을 구함. 반드시 저녁식사와 영화와 연극을 즐겨야 함. 유머 감각이 있는 것도 좋음. EXT 5585.

힘이 넘치는 금발의 슈퍼모델, 28세. 오랫동안 연애할 생각이 있고, 잘생기고 몸매가 모델 같은 남자를 구함. 32세 이하일 것. EXT 5692.

명신이 독일로 떠난 뒤로 우리의 관계가 끝났음을 느꼈다. 그러자 열매를 맺을 기회도 갖지 못한 보니와의 사랑이 생각났다. 나는 보니를 찾으려고 신문 연락란에 광고를 냈다.

8년 전 헨리 벤델 사에서 일한 보니 K.를 찾습니다.
　수시에게 ○○○번으로 연락 바람.

한 주도 안 되어 보니한테서 연락이 왔다. 그녀의 친구가 신문을 보고 알려줬던 것이다. 보니는 여전히 앳된 목소리였고, 내가 자신을 찾고 있다는 사실에 기뻐서 어쩔 줄 몰라했다. 하지만 그녀는 결혼해서 아이까지 있는 몸이었고, 그걸로 끝이었다.

몽고의 공주

건축 스튜디오가 문을 닫았다. 해리어 제트 비행기를 사겠다는 꿈을 가진 소니가 사업을 무리하게 확장하려 든 것이 화근이었다. 수입은 적은데 경비는 많이 들었으므로 선택의 여지가 없었다. 그는 저택이며 여름 별장을 비롯한 재산을 모두 날린 채, 유일하게 남은 볼보 스테이션 왜건에 짐을 싣고 빚쟁이들을 피해 콜로라도로 떠났다. 소니의 가족과 함께 아늑한 저녁 시간을 보내곤 했던 나로서는 그 일도, 친구를 잃은 나 자신도 너무 슬펐다.

곧바로 나는 시내 중심가에 있는 빅애플 그래픽스의 컬러 인화부에 취직했다. 거기서 알렉스라는 러시아인 동료를 만났는데, 파티를 좋아하는 술고래에다 나처럼 이혼한 독신남이었다. 나는 곧 러시아식 생활양식, 말하자면 시도 때도 없이 보드카를 마시는 것을 배웠다. 룸메이트와 사는 것이 지겨워져서 나만의 공간을 갖고 싶어하자, 알렉스는 브루클린에 있는 허름한 아파트로 데려갔다.

어느 목요일, 힘든 일과를 마치고 우리는 보드카 병을 들고서 지하철을 탔다. 아파트에 들어가니까 우크라이나 옷을 입은 키 큰 여자가 부엌에서 요리를 하고 있었다. 서로 인사를 마친 뒤에 그녀가 닭간을 좋아하느냐고 물었다. 나는 "그럼요" 하고 대답하고는 접시를 깨끗이 비웠다. 얼굴이 약간 동양인같이 생겨서 물어보았더니 역시 몽고계 러시아인이었다. 몽고 사람인 할아버지가 모스크바 건축협회에서 연구원으로 있었는데, 거기서 러시아인인 그녀의 할머니를 만났다고 했다.

이때부터 얘기가 꼬리에 꼬리를 물었다. 나는 몽고계 혈통을 이어받았다고 큰소리치며 태어날 때 엉덩이에 찍힌 푸른 몽고반점을 들먹였다. 밝고 거침없는 웃음소리와 솔직한 태도에 왠지 모를 매력을 느꼈다. 나는 보드카 두 병을 마시고 거실 소파에 쓰러져 꿈쩍도 못했다. 결국 그날 밤은 거기서 잤다.

이튿날 아침, 샤워를 하고 나자 그녀가 머리를 말려주었다. 가슴이 뭉클했다. 그래서 "오늘 달러는 별로 없지만 루블은 많아요" 하고 너스레를 떨며 저녁식사에 초대했다. 그녀는 깔깔 웃으며 "좋아요" 하고 말했다. 우리는 매일같이 데이트를 했다. 그녀는 내 어머니이자, 딸이자, 누이이자, 친구가 되었다. 두 달도 안 되어 프로포즈를 했다. 그녀는 받아들였다.

겨우 스물두 살인 옥사나 알페로바가 자신과 전혀 다른, 그것도 아버지 뻘인 남자에게 인생을 맡긴 것은 대담한 행동이었다. 하지만 그녀는 나와 똑같은 것을, 바로 사랑과 믿음을 느꼈다. 고독했던 지난 4년 세월이 막을 내리려 하고 있었다. 고마운 마음이 들었다. 내가 얼어붙은 호수라면, 옥사나는 사랑으로 얼음을 녹이고 물이 자유롭게 흘러가도록 해주었다. 돌아보면 참으로 아이러니한

옥사나와 나의 결혼식.

일이다. 이렇게 몽고계 여인을 아내로 맞이할 줄도 모르고, 미국에서 처음 만든 밴드의 이름을 '칭기즈칸'이라고 지었다니.

 결혼식 날은 비가 억수같이 쏟아졌다. 걱정하는 옥사나를 달래주려고 우리 둘 다 물고기자리이고, 내 첫 번째 히트곡이 〈물 좀 주소〉였다고 말했다. 그리고 "결혼하기 딱 좋은 날씨네!" 하고 큰 소리로 말했다. 우리는 맨해튼의 러시아 정교회에서 수백 개의 성상들이 굽어보는 가운데 결혼식을 올렸다. 우리 밴드 멤버들, 아버지와 새어머니, 그리고 UN 주재 몽고 대사인 옥사나의 삼촌 루브산 에르덴 출룬이 결혼을 축하하러 와주었다. 식이 끝날 때까지 한 시간 반 내내 사제들의 합창과 함께 마크 신부가 성가를 불렀다. 아름다운 결혼식이었다. 지나간 일들이 눈앞을 스치면서 불안으로 가슴이 터질 것 같았다. 나는 두 번째 결혼을 한 것이다.

 나는 마음에서 우러나온 시를 옥사나에게 바쳤다.

To My Prekrasna Jahna

I have this deep fear
Imbedded unyielding
Mocking my pride
Incessant omni-posture

Was it a hundred or two?
Or three or four?
The saliva of my need
Desert in it's own reservoir

Your walk, your voice
Husky—sapped in experience
Of life—filled and unfilled
A wink—I crumbled
A smile—I stumbled
Your laughter—my gates were flung
Open to the wounds and imperfections

A princess from Mongolia
That inner part of life's mysteries
Saturated in hue
Power of roving nomads
As I were a sheep
Roped by your beauty
Reverie of warmth—an Earth Goddess

Can this be?
Is this real?
A dream in reality—fantasy with wheels
In the rail of my humbug existence—a wing to
Take me away—to infinity

July 4, 1992
Love, Your Mooju

나의 아름다운 아내에게

내겐 두려움이 있네
물러설 줄 모르고
내 모습을 비꼬며
끊임없이 내 곁을 맴도는
두려움이 있네

100년이나 200년쯤 됐을까?
아니면 300년, 400년인가?
내 욕망의 저수지가
메마른 사막으로 변한 것이

그대의 발걸음, 그대의 목소리
좋았던 때나 나빴던 때나
세월의 자취를 담은
허스키
당신 미소에 나는 비틀거렸네
당신 눈짓에 나는 쓰러졌네
당신 웃음에 나의 문이 활짝!
열렸네!
흉터와 모자람까지 그대로 드러낸 채

그대는 몽고의 공주
자욱한 안개에 싸인 듯
삶의 신비를 깊숙이 간직한
떠도는 유목민족의 힘이여
나는 양이 되었네
당신의 아름다움
나를 밧줄로 묶었네
감미로운 자비 — 지상의 여신이여

이것이 사실인가?
이것이 현실인가?
꿈이 지금이고 당신은 환상의 바퀴
내 조용한 하루살이 인생에
당신은 날개
무한대로 이끄는 하얀 날개

1992년 7월 4일, 사랑하는 남편

함께 이야기하고 산책하고 밥을 먹을 사람, 아내가 있다는 것은 너무나 황홀한 일이었다. 곧 신혼의 단꿈에 푹 젖어들었다. 그런 모습을 보고 친구들도 내가 변했다고, 여유로워졌다고 했다. 아내는 패션 부티크인 라 플뢰리상트에서 전속 모델로 일하고 있었는데, 대학을 졸업하는 대로 국제 증권회사에 취직하기로 되어 있었다. 그때는 페레스트로이카 직후여서 모스크바도 구경하고 옥사나의 가족에게 인사도 할 겸 해서 러시아로 가기로 했다. 항상 호기심에 차서 가보고 싶어했던 러시아, 이제 기회가 온 거다.

당시에도 러시아는 여전히 개인 방문이 허용되지 않고 단체여행만 가능했기 때문에, 옥사나는 거짓으로 신원을 꾸며 내 사업 비자를 받아냈다. 내가 화학산업 분야의 합작투자 가능성을 타진하기 위해 시장조사를 하러 모스크바에 온 한국계 미국인이 된 것이다. 러시아에서는 "되는 것도 없지만, 적당한 연줄과 적당한 돈만 있으면 안 되는 것도 없다"고 한다. 예전의 한국을 떠올리게 하는 말이다. 아니, 지금의 한국일지도 모르겠고. 지금도 그렇지만, 당시 러시아는 공산주의가 붕괴한 뒤 아주 어려운 시기를 지나고 있었다. 그래서 우리는 여섯 개나 되는 여행 가방에 옷과 음식을

성 베실 성당 앞에서. 옥사나와 결혼을 하고 늘 가보고 싶었던 러시아에 갔다.

잔뜩 챙겼다.

　에어로플로트 항공기에 탑승해서 제일 먼저 느낀 것은 객실 소음이 심하고 좌석이 보잉기보다 불편하다는 점이었다. 세르멜예보 공항에 내리자마자 옥사나의 어머니 이리나와 할머니 안나, 빅토르 삼촌과 사촌 카트리나가 끝없는 포옹과 입맞춤으로 우리를 맞아주었다. 그들은 자동차 두 대를 몰고 왔는데, 내가 보기에는 진작 폐차했어야 할 물건 같았다. 도시로 들어가면서 대우와 삼성의 거대한 광고판이 눈에 띄어 놀랍기도 하고 기쁘기도 했다. 아파트 단지에 들어서다가 나는 깜짝 놀랐다. 하나같이 22층짜리 회백색 건물이었다. 두려워하고 증오하라고 배웠던 공산주의 체제를 내 눈으로 직접 보게 되었다.

　우리는 알전구 불빛이 침침한 지저분한 복도를 지나, '덜컹' 하고 큰 소리를 내며 열리는 엘리베이터 안으로 들어갔다. 폐소공포증이 있던 나는 아내에게 "정말 움직이긴 하는 거야?" 하고 묻기까지 했다. 그곳에 도착하자마자 우선 동네를 한바퀴 돌아보았다. 러시아가 겪는 재난을 뉴스로 보는 것과 직접 경험하는 것은 완전히 달랐다. 거리에는 바부시카(할머니)들이 쪼그리고 앉아 감자 여남은 개, 골파와 무 약간, 싸구려 보드카 몇 병, 그리고 삼양라면 따위를 팔고 있었다. 이보다 더 비참한 것은 없다. 가장 절박한 것이 식량이고, 대화의 주제가 늘 식량이라니!

　뉴욕에서 가져간 캔 식품으로 환영 파티가 더 풍성해졌다. 그 자리에 있는 모든 사람과 국가와 죽은 친지들의 이름을 들어 건배를 하고, 그 밖에도 별의별 구실을 다 붙여 술을 마셨다. 그 모습을 보며 러시아의 정신이 뭔지 실감했다. 예나 지금이나 감당하기 힘든 비극이 닥쳐와도 흥겨움을 잃지 않는다는 것. 인생을 사는 태도가 이러니, 나폴레옹을 물리치고 굶주림 속에서도 나치에 굳건히 맞설 수 있었던 것이다.

한 주쯤 지나서야 뭐가 뭔지 알 수 있었다. 그러면서 나도 점점 모스크바 사람이 되어갔다. 아침 8시, 우리가 일어나기도 전에 빅토르 삼촌은 보드카 병을 들고 문을 두드리곤 했다. 간혹 러시아 남자들은 보드카가 떨어졌는데 돈이 없으면 알코올이 많이 들어간 애프터 셰이브 로션이나 아내의 향수까지 마셔버린다. 러시아에서 음주는 신앙이다. 고르바초프가 한때 음주를 규제하려고 보드카 배급제를 실시하려 했으나 폭동이 일어나는 바람에 허사가 되었다.

푸슈킨 박물관과 아름다운 건축물인 성 베실 성당, 그리고 붉은 광장을 구경했다. 물건을 사러 나온 사람들로 북적대는 아르바트 거리에서는 4인조 어쿠스틱 밴드가 신념에 찬 목소리로 아름답게 노래하고 있었다. 옥사나에게 물었다. "무슨 노래지?" "빅토르 최의 노래예요. 빅토르 최는 한국 사람인데, 2년 전에 죽었죠." 그의 노래들은 무척 인상적이었다. 그 길로 달려가서 빅토르 최의 음반을 모조리 샀다. 그 음반들은 모두 이렇게 외치고 있었다.

We wanted to drink
There was no water
We wanted to sleep
There was no dream
We wanted the night
There was no stars
We wanted to cry
But there were no tears

Pulsation of our veins
Are demanding change……

두 사람의 아내 161

마시고 싶어도
물이 없네
잠들고 싶어도
꿈꾸지 못하네
밤이 오길 바라도
별은 보이지 않네
울고 싶어도
눈물이 나오지 않네

우리들의 뛰는 맥박은
변화를 요구하네……

나는 이 훌륭한 음악에 감동했다. 어딘지 내 음악과 비슷하다는 느낌도 받았다. 그래서 곧바로 테이프를 복사해서 KBS의 김정태 PD에게 보냈다. 그는 빅토르 최와 그의 음악을 대중에게 알리려고 무던히 애를 썼다. 음악적 내용으로 보자면 빅토르 최는 분명 공산당 정치국 사람들에게 환영받는 음악가는 아니었다. 그는 30대 초반의 젊은 나이에 의문의 교통사고로 숨졌다. 아르바트 거리에는 시인이자 작곡가였던 그를 기리는 벽이 있다.

모스크바 땅을 밟다

러시아는 하나의 역설이었다. 지구상에서 가장 큰 나라이지만 가장 가난한 나라에 속하는 러시아. 우주를 유영하는 우주정거장 미르가 있지만 국민들이 먹을 감자는 부족한 나라. 빵 한 덩이를 얻으려고 한 시간 동안 줄을 서야 하지만 차이코프스키, 도스토예프스키, 톨스토이, 푸슈킨, 샤갈, 고리키, 볼쇼이 등등 최고의 문화 수준을 자랑하는 나라가 러시아이다.

레닌의 묘소를 보려고 바람이 휘몰아치는 드넓은 붉은 광장에서 한 시간 동안 줄을 섰다. 우리는 침묵하는 추종자들과 함께 서서히 입구를 지나 검은 대리석 복도로 들어갔다. 신성한 종교의식에라도 참여한 듯한 기분이었다. 그곳에 레닌이 누워 있었다. 오렌지색 불빛 아래 붉게 빛나는 얼굴의 미라가 되어. 나는 중얼거렸다. "무슨 큰 죄를 지었기에 땅에 묻히지도 못하고 떠도는 영혼이 되었을까?"

출구에서 눈을 돌리니 공산당 지도자들과 강철 인간 스탈린의 무덤이 보였다. 스탈린은 딱 한 가지 무기, 공포만을 가지고 25년 동안 통치했다. 방법은 간단했다. 의심스러운 사람은 모두 죽이고, 누군가 수상하다는 소문이 나면 그 사람과 소문을 퍼뜨린 사람을 모두 죽였다. 스탈린의 공포정치가 막을 내릴 때까지 2천2백만 명(1천만에서 4천만까지 여러 가지 설이 있다)의 국민이 목숨을 잃었다. 하지만 옥사나 할머니의 말을 들으며 나는 기막힌 아이러니를 느꼈다. 할머니 자신을 포함해서 온 국민이 스탈린의 장례식에서 통곡을 하고, 시신이 안치된 관에 조금이라도 가까이 다가가려고 이성을 잃고 날뛰는 와중에 수백 명이 압사를 했다니!

No religion can ever heal you
No thoughts nor pain
Can ever release you
It's just a photograph
Of ancient summer's breeze
Life's a mirage

No Marx no Lenin can ever free you
No stocks nor bonds
Can ever secure you
It's just a stream of tears
Of young girl's virgin fears
Life's a mirage

No cause nor might can ever assure you
No Tao no how
Can ever teach you
It's just a dusty trail
Of old man's broken dreams
Life's a mirage 〈No Religion〉

어떤 종교도 당신을 치유할 수 없고
어떤 사상도 고통도
당신을 해방시키지 못한다
그건 단지 옛날 옛적에 불던
산들바람을 찍은 사진일 뿐
인생은 신기루이니

마르크스도 레닌도 당신을 자유롭게 하지 못하고
주식도 채권도
당신을 지켜주지 못한다
그건 단지 어린 처녀가 순결한 두려움에서
흘리는 한줄기 눈물일 뿐
인생은 신기루이니

어떤 이상도 권력도 당신을 지켜주지 못하고
어떤 도(道)도 방법도
가르침을 주지 못한다
그건 단지 늙은이의 부서진 꿈들이
먼지가 되어 흩날리는 길일 뿐
인생은 신기루이니 〈종교는 없다〉

어디서든 이루지 못한 꿈을 보고 들을 수 있었다. 페인트 칠이 벗겨진 전차에서부터 먹여 살릴 여유가 없거나 돈이 필요해서 개나 고양이를 팔려고 안고 나온 아낙네들까지. 이따금씩 번쩍이는 메르세데스 벤츠가 황량한 거리를 쏜살같이 지나가곤 했다. 차 안에는 미용실에 가려고 나선 듯한 마피아 부인들이 앉아 있었다. 비극은 죽은 시체에 달라붙은 독수리처럼 이득을 챙기는 기회주의자들을 낳는 법이다. 장을 보고 돌아오는데 경찰이 신원을 확인한답시고 길을 막았다. 재수가 없으려니, 하필 우리는 여권을 가지고 있지 않았다. 그래서 경기관총을 든 젊은 경찰의 감시를 받으며 창문도 없는 초소에서 한 시간이나 억류되었다. 〈미드나잇 익스프레스〉의 영상이 뇌리를 스치고 지나가는데 할머니가 여권을 가지고 왔다. 그런데 할머니는 우리를 꾸짖으며 이러는 게 아닌가! "어리석긴, 저 경찰이 원한 건 바로 너희들 맥주였어!"

모스크바 거리에는 사업 열기가 들불처럼 번지고 있었다. 줄줄이 늘어선 상점들에는 리바이스 청바지부터 프랑스제 향수까지 없는 게 없었다. 우리는 미용실 주인이 된 옥사나의 고등학교 선생을 찾아갔다. 미용실은 유명한 베이징 호텔 안에 있었는데, 그분은 우리에게 따뜻한 맥주를 대접하며 공짜로 발톱 손질까지 해주었다. 언젠가 바닥을 닦아주는 노인에게 급료로 200루블(1992년에는 1달러, 1997년에는 1달러에 5600루블)을 주니까, 돈 대신 악기를 닦는 데 쓰는 청록색 메탄올을 달라고 했다. 공업용 알코올을 한 컵 가득 받아들고서 신나게 복도를 내려간 그는 피클 한 조각을 안주 삼아 친구와 나누어 마셨다. 죽을까 봐 걱정이 되어 괜찮냐고 물었다. 그는 이렇게 대답했다. "카-라-쇼(좋오오옷습니다)."

러시아인들의 왕성한 독서열을 보면 러시아에 위대한 작가들이 많은 것이 이해가 갔다. 우리는 옥사나네 가족의 친구집에 점심 초대를 받아 갔다. 그 집에 가보니 큼직한 헤밍웨이의 초상화가 걸려 있었다. 보르슈와 햄으로 식사를 하는 내내 집주인은 헤밍웨이와 스타인벡에 대해서 계속 떠들며 난처하게도 나한테 질문을 해댔다(나는 헤밍웨이와 스타인벡의 책은 한 권도 읽지 않았다). 내가 또 하나 내린 결론은 러시아인들은 누구나 춤을 잘 춘다는 것이다. 어느 모임에도 음악과 춤이 빠지지 않았으며, 앞치마를 두른 바부시카들도 음악이 나오기가 무섭게 멋들어지게 부기우기를 추곤 했다.

모스크바에서 옥사나 알페로바.

청바지와 핑크 플로이드가 모스크바 젊은이들 사이에 유행하고 있었다. 코카콜라와 맥도널드 역시 마찬가지였다. 푸슈킨 광장에는 맥도널드가 딱 하나 있었는데(1997년에는 12개), 우리는 거기에 들어가려고 한 시간이나 기다렸다. 이 미국의 패스트푸드점은 러시아인들이 생일 또는 기념일에나 들르는 사치스런 외식 장소였다. 정장을 차려입고 온 사람, 또는 미니 스커트를 입고 온 젊은 아가씨들(러시아 여자들의 옷차림은 미국 여자들보다 훨씬 대담하다)이 몇 시간이고 눌러앉아 있었다. 그들에게 맥도널드는 자신들이 그토록 알고 싶어하는 아메리카의 일부였다.

한국 사람도 몇 명 눈에 띄었는데, 대개 트럭에서 수박과 야채를 팔고 있었다. 모스크바에서 기차로 닷새 걸리는 우즈베키스탄에는 수많은 한국인이 정착해서 살고 있었다. 그 사람들은 대부분 남에게 의지하지 않고 생활을 꾸려갔다. 한국인들은 기본적으로 인정을 못 받는 하층 계급으로 흔히 '수박 장수'라 불리고 있었다. 우리는 북한 사람이 경영하는 식당에 가서 맛있는 된장찌개를 먹었다. 종업원 아가씨에게 서울에 가고 싶지 않느냐고 물었더니, "아, 서울요, 좋죠. 정말 가고 싶어요" 하고 대답했다. 그들의 생활은 미국에 사는 한국인들과는 딴판이었다. 한민족의 비극이 아프게 다가왔다.

그 후 1995년에 다시 러시아에 가볼 기회가 생겼다. 페테르스부르크를 방문해서 에르미타슈 미술관과 페테르호프의 귀중한 예술품들을 구경했다. 차르가 누렸던 터무니없을 만큼 호화로운 삶을 구경하고, 레닌의 형 알렉산드르 울리아노프가 갇혔던 감옥에도 들어가보았다. 그가 차르 알렉산드르 3세를 암살하려다가 처형당한 사건은 블라디미르 레닌이라는 젊은 혁명가의 가슴에 기름을 부었다.

옥사나의 할아버지 치미트 부다잔은 공직자 집안 출신으로 우리 할아버지처럼 선진적인 사고를 가진 사람이었다. 그는 퇴보하는 몽고의 현실을 개탄하며 조국의 영화를 되살리는 데 기여하기로 결심했다. 그리고 열여덟 살에 건축을 공부하러 공산주의 이상의 축도였던 모스크바로 왔다. 하지만 1941년 독일이 쳐들어오고 2차 대전이 발발하자 어쩔 수 없이 모스크바 건축학교를 그만두고 시베리아에 부역 노동자로 끌려갔다. 그곳에서 장차 아내가 될 우크라이나 처녀 안나 푸가체바를 만났는데, 그녀도 역시 노동자로 끌려와 있었다. 전쟁이 끝나자 그는 공부를 마치고 아내와 함께 울란바토르로 돌아가 배운 것을 실천하기 시작했다.

그는 현대건축의 선구자로서 곧 정부의 수석 건축가로 임명되었다. 하지만 국민들은 여전히 파오(몽고의 이동 가옥)에 살면서 유목생활을 하고 있었다. 그는 최초의 서구식 건물인 울란바토르 호텔을 세웠다. 수해바토르와 초이발산(현대 몽고를 세운 사람들)을 기리는 묘소, 유스 팰리스와 총체적인 도시계획 등을 입안하여 몽고 건축의 근대화에 기여했다. 두 자녀인 빅토르와 이리나도 모스크바로 유학을 떠났다. 그리고 그곳에서 이리나는 화학공학자인 알렉산드르 알페로프와 결혼하여 옥사나를 낳았다.

옥사나는 몽고계 러시아인으로서 남과 외모가 다르다는 이유로 놀림을 받으며 순탄치 못한 성장기를 보냈다. 푸슈킨 어학원 교사였던 어머니 이리나 덕분에 옥사나는 끊임없이 서구인들과 만날 수 있었고, 자연스럽게 서구 스타일을 받아들이고 즐기게 되었다. 결국 이리나는 반소비에트 활동 혐의로 고발당하고 말았다. 정부에서는 딸의 양육을 포기하고 국가에 맡기라고 종용했다. 하지만 이리나는 서류에 서명하기를 거부하면서 주장했다. "이 아이는 내

딸이니 절대로 포기할 수 없어요. 결과는 내가 책임지겠습니다."
이 사건은 어린 옥사나에게 지워지지 않는 흔적을 남겼다. 옥사나의 마음속에는 서구에 대한 생각이 굳게 자리를 잡았다. 고르바초프가 정권을 잡고 페레스트로이카가 한창 진행될 무렵, 옥사나는 위험을 무릅쓰고 미국 대사관에 가서 정치적 망명을 신청했다. 대사관은 그녀의 망명을 받아들였다.

옥사나가 미국으로 떠나기 전날 밤, 쿠데타가 일어났다. 옐친은 고르바초프 정부를 전복하려 하고 있었다. 탱크 부대가 주둔한 거리에는 통행금지가 실시되어 아무도 돌아다닐 수 없었다. 모든 것이 불투명했고, 믿을 게 아무것도 없었다. 하지만 어떻게든 공항으로 가야 했다. 이것은 압제적인 공산정권에서 탈출하여 서구에서 자유로이 날개를 펼 유일한 기회였다. 옥사나는 어머니의 친구에게 도움을 청했고, 그는 목숨을 걸고 옥사나를 공항까지 태워주었다. 당국의 눈을 피해 뒷길과 우회로를 수없이 돌아서 세르멜예보 국제공항에 당도했다. 옥사나는 그 용감한 남자에게 작별의 키스를 한 다음, 두 개의 작은 가방을 꼭 쥐고 뉴욕행 에어로플로트 비행기에 올랐다. 하지만 어찌된 일인지 비행기가 뜨지 않았다. 이륙 예정 시간에서 두 시간이나 지나자, 러시아 시민은 비행기에서 끌어내려진다는 소문까지 돌았다. 옥사나는 눈을 감고 기도했다. "오, 하느님, 제발 한 번만 기회를 주세요!" 마침내 기쁘게도 비행기가 이륙했다. 1991년 8월 21일, 옥사나는 드디어 뉴욕 땅을 밟았다.

지금은 이리나도 딸과 함께 뉴욕에 살면서 자유를 누리고 있지만, 자본주의 체제에서 자립적으로 살아가는 데 따른 대가도 치르고 있다. 외할아버지 치미트는 뉴욕의 아름다운 건축물들을 보고 싶다는 꿈을 이루지 못한 채 1980년 몽고에서 세상을 떠났다. 외할머니 안나는 1994년 뉴욕을 방문했는데, 엠파이어 스테이트 빌딩에서 도시를 내려다보며 따뜻한 키스를 띄우는 걸로 먼저 간 남편의 영혼을 위로했다. 할머니도 1996년 모스크바에서 운명했다.

  나도 옥사나를 한국에 데려갔다. 나와 내가 자란 환경을 잘 이해할 수 있도록. 옥사나는 부유한 한국을 보고 놀랐고, 내가 웬만큼 알려진 뮤지션이라는 사실을 알고는 더 놀랐다.

돌아온 명신

결혼 생활이 조금씩 이해와 타협을 더해가며 자리를 잡는 동안, 우리는 문화의 차이를 극복하는 일이 쉽지 않다는 걸 깨달았다. 예를 들면 음식문화도 달랐고, 남녀에 대한 전통적인 생각에도 차이가 있었다. 생활습관도 많이 달랐다. 하지만 나는 세월의 시험에 견딜 수 있도록 서로 협력하는 관계를 만들기로 했다. 결혼한 지 2년이 지난 어느 날, 명신한테서 전화가 왔다. 나는 심장이 멎는 것 같았다. "대수 씨, 나야, 명신. 잘 지냈어? 나 지금 독일 경찰서에 있어. 좀 도와줘. 랄프와 별거 중인데, 신나치들이 날 죽이려고 해! 제발 도와줘! 나, 20년이나 당신 아내였잖아!" 명신이 애원했다.

고통과 의혹으로 마음이 무거웠다. 내가 뭘 할 수 있지? 이래도 저래도 난처할 게 틀림없는데. 어떻게 하더라도 양심의 짐을 벗지 못할 텐데. 20년을 함께 산 명신의 고통을 나 몰라라 할 순 없지만, 옥사나가 어떻게 생각할까? 독일에서는 신나치 운동이 일어나 터키 이민자들이 소이탄으로 공격당하거나 구타당한다는 소식이 들려오고 있었다. 옥사나의 의견을 묻고 그에 따르기로 했다.

놀랍게도 옥사나는 내 말을 듣고 두 번 생각할 것도 없이 말했다. "우선 그 사람을 여기로 데려와야 해요. 그러고 나서 모든 걸 결정하도록 해요. 당신과 2년밖에 안 산 나도 당신을 이토록 사랑하는데, 그 사람이 어떤 심정일지 충분히 상상하고도 남아요!" 여기 겨우 스물네 살의 여자가 인생의 우여곡절과 불행하게 끝난 사랑을 이해하고 있는 것이다. 시련과 비탄의 시기에 더욱 빛을 발하는 러시아인의 용기를 이때 똑똑히 보았다. 아내가 존경스러워지기 시작했다.

명신은 자신의 마흔여섯 번째 생일이 지나기 전 2월에 왔다. 물고기자리인 내가 물병자리인 자기 없이는 못 살 거라고 입버릇처럼 말하던 명신. 그녀는 다시 신경쇠약에 걸려 있었다(롤링 스톤스의 '다시 열아홉 번째 신경쇠약이 찾아왔네'라는 노래도 있지만, 명신에게는 노래가 아니라 실제였다). 아파트에 침실이 하나밖에 없어서 명신에게 침실을 내주고 우리는 거실에서 생활했다. 명신은 나이가 들고 머리칼도 희끗희끗했다. 우리는 끊이지 않고 이어지는 신경질적인 수다를 들어야 했다. 독일 아이들이 멍한 눈길로 자신을 쳐다보던 일과 젊은 스킨헤드들이 자기 나라를 떠나라고 욕을 퍼붓던 일, 랄프와 힘들었던 관계 등등. 평화롭고 편안하게 지내다 보면 신경증이 나아질 거라고 믿으며 음식을 해 먹이고 돌봐주었다.

뉴욕 사진업계에서 나에 대한 평판이 점점 좋아져 한창 잘나가는 회사인 스피드 그래픽스에서 제의가 들어왔다. 월급도 넉넉히 주고 간부로 채용하겠다는 것이었다. 덕분에 두 여인을 먹여 살리고 힘들게 꼬인 상황을 이겨나갈 수 있었다. 하지만 그 정도로는 충분치 않다는 듯 가뜩이나 복잡한 내 삶에 또다시 시련이 닥쳤다. 옥사나에게 이상이 생긴 것이다. 열일곱 살 때 전차에서 내리다가 빙판에 미끄러지면서 철제 계단에 아래쪽 척추를 부딪혔는데, 러시아 의사들이 자칫 하반신 불구로 만들까 봐 치료를 기피했다. 그래서 옥사나는 커가면서 점점 심한 통증에 시달렸다. 그러다가 종종 침대에서 일어나지 못하는 지경에 이르렀다. 우리는 의사를 찾아가기로 했다.

그 당시 미국에는 X-레이보다 훨씬 효과적인 MRI라는 신기술이 등장했는데, 몸의 모든 부위를 입체적으로 기록할 수 있었다. 병원에서는 옥사나를 MRI에 넣어보더니 몸이 자라고 있어서 척추 디스크가 밀려오고 있다고 진단했다. 의사들은 아주 위급하다며 당장 수술하자고 했다. 수술을 하던 날, 운명은 이미 내 손에서 떠나 있었다. 일에 몰두하려고 애쓰며 미친 듯이 일했다. 그러고는 옥사나의 고릴라 인형을 들고 42번가에 있는 직장에서 168번가의 컬럼비아 프레스비테리언 병원으로 한 시간 동안 전철을 타고 갔다. 생각이 사방으로 치달았다. 수술이 잘못되면 어쩌지? 별로 나아지지 않으면? 혹시, 혹시…….

회복실에 들어가니 장모님이 눈물을 글썽이고 있었다. 순간 옥사나가 죽은 줄 알았다. 그런데 떨리는 음성으로 "내 사랑" 하고 부르는 소리가 들렸다. 나는 단숨에 침대 곁으로 달려갔다. 여느 때처럼 그녀가 내 페니스를 잡고 장난을 치는 걸 보고는 상태가 괜찮다는 걸 알았다. 수술은 성공이었지만 길고 힘겨운 회복기가 남아 있었다. 젊은 의사 마크 바이덴바움에게 고마운 마음이 들었다. 그리고 유태인의 뛰어난 능력도 고마웠고, 신이 계시다는 사실도 고마웠다. 나는 신에게 감사드렸다.

수술 후 첫 달은 무척 중요했다. 옥사나는 어떤 동작이든 천천히 해야 했다. 화장실에 갈 때도 척추가 틀어지지 않도록 20분 동안 한 발짝씩 아주아주 조심해서 걸었다. 이렇게 두 아내와 살았다. 신경증에 시달리는 아내와 척추 질환으로 고생하는 아내를 간호하면서 신에게 물었다. '제가 무슨 죄를 지었기에 이런 선물을 주십니까?' 나는 생각할 시간도 없이 일했다. 쉴 새 없이 요리하고, 청소하고, 이야기를 들어주고, 직장에 나가고, 기도했다.

시간이 약이라고, 두 사람은 자신이 상대방보다는 더 건강하다고 여기면서 조금씩 회복되어갔다. 하지만 명신은 제정신으로 돌아오자 견디기 힘든 현실에 맞닥뜨렸다. 내가 다른 여인과 결혼했다는 걸 받아들이기 시작했고 벽에 걸린 사진들을 보면서 끊임없이 사실을 상기했다. 희한하기 짝이 없는 삼각관계가 정신병에라도 걸릴 듯 힘겹게 이어졌다. 케리는 "자기가 뿌린 씨는 자기가 거둬야지" 하면서 명신을 쫓아내라고 충고했다. 변종곤은 이런 상황을 계속

나, 옥사나, 명신의 남편 랄프 봄. 독일 뒤셀도르프에서.

끌고 가는 내가 약해빠진 바보라고 했다. "그 여잔 너랑 이혼했어. 그 여자가 죽든 살든 네가 왜 신경 써?" 하지만 내 마음이 말했다. 명신은 내 모든 청춘을 함께 보낸 여자고, 내 공허를 사랑으로 채워준 여자다. 어머니도, 심지어 할머니도 아닌 바로 그녀가.

하지만 그들의 말이 옳았다. 이런 상황은 끝나야 했다. 나는 독일에 있는 랄프에게 전화를 걸어 명신이 그의 아내라는 사실을 일깨웠다. 명신의 행복을 책임져야 할 사람은 랄프, 당신이라고. 두 사람은 의논 끝에 정식으로 별거하기로 합의하고, 랄프가 명신을 샌프란시스코에 다시 정착시켜주기로 했다. 그 넉 달은 마치 4년 같았다. 나는 오로지 명신이 마음을 치료하고 혼자서 자기 삶을 꾸려가면서 모두 함께 좋은 친구로 지낼 수 있기를 바랐다. 하지만 그건 너무나 어려운 일이었다. 감정이란 객관적인 사고를 방해하는 법이니까. 명신은 옥사나 몰래 나에게 털어놓았다. 내가 결혼한 줄 모르고 새로 시작하려고 돌아온 거라고. 하지만 너무 늦었다.

명신은 우리가 도와주겠다는 것도 뿌리치고 혼자서 네 개의 짐을 끌고 엘리베이터로 갔다. 내가 말했다. "명신, 몸조심하고, 날 잊어." 명신은 옥사나를 안아주고 눈물을 글썽이며 말했다. "두 사람, 행복하게 살아." 문이 스르르 닫히는 순간, 그녀의 얼굴이 슬픔으로 일그러지는 것을 보았다. 내 마음도 꼭 그랬다. 바그너의 〈트리스탄과 이졸데〉를 틀었다. 눈물이 비 오듯 흘러내렸다.

It takes ten years
For mountain to change
But a lifetime
For love to dissipate;
Death caused by love……

산이 변하는 데는
십 년이 걸리지만
사랑이 스러지는 데는
평생이 걸린다네
사랑이 낳은 죽음……

1년 뒤, 독일을 여행하다가 랄프를 만났다. 180센티미터가 넘는 그가 온통 검게 빼입은 걸 보니 히틀러가 떠들던 '아리안족'이 생각났다. 저녁 때 우리는 뒤셀도르프의 알트슈타트에서 곰고기 스테이크라는 재미있는 요리를 먹었다. 바르슈타이너(내 생각에는 독일에서 제일 맛있는 맥주)를 잔뜩 마시고 나서 그가 말했다. "대수, 할 말이 있어. 나, 사랑에 빠졌어." 내가 말했다. "축하해! 그 행운의 아가씨가 누구지?" "숀이라는 친구야." 그 다음 말을 듣다가 눈이 튀어나올 뻔했다. "나, 이제 게이야." 그리고 이렇게 덧붙였다. "걱정 마. 당신은 내 타입이 아니니까."

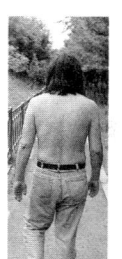

4부 뒤늦은 스포트라이트

뜻밖의 후원자

이 책을 쓰던 1998년, 명신은 뉴욕으로 돌아와 독신으로 살고 있었다. 하긴 명신은 '콘크리트 정글'인 이 도시를 '유일한 고향'이라 말했으니. 뉴욕 거리에서 명신과 마주친 날은 잊을 수가 없다.

감미옥 사장 최형기 씨와 만나서 새 앨범 《이성의 시대, 반역의 시대》 녹음 문제를 상의하기로 했다. 최 사장은 다름 아닌 내 책을 읽고서 앨범 제작비를 대기로 결정했다. 어느 날 전화를 해서는 난데없이 "한형, 당신을 꼭 안아주고 싶어요!" 하는 것이었다. 까닭을 물었다. "로스앤젤레스에서 돌아오는 길에 당신 책을 구해서, 비행기를 타고 오는 다섯 시간 동안 모두 읽었어요. 무척 감동했어요. 뉴욕으로 오는 내내 웃다가 울다가, 참, 옆에 앉았던 사람들이 질려버렸지! 한형이 그렇게 파란 많은 인생을 살았다니 전혀 몰랐어요. 정말이지 어떻게든 돕고 싶어요. 그동안 돈은 제법 벌었으니 (최 사장은 뉴욕에서 가장 성공한 한국인 사업가 측에 든다. 32번가에 잘나가는 식당을 세 개나 갖고 있다), 당신을 돕고 싶어요." 나는 이렇게 대답했다. "고맙습니다. 사장님 마음이 그러시면 새 앨범 만드는 데 돈을 좀 대주시겠어요?" 그는 곧장 먹을 것과 맥주를 한아름 싸들고 우리집에 왔다. 날 보더니 대뜸 껴안고는 "좋아요, 내가 돈을 대겠어요!" 했다. 이 사람이 뭘 알고 하는 얘긴지 믿기지가 않았다. 앨범 하나 만들려면 4만 달러도 넘게 드는데 말이다. "얼마나 드는지 알기나 하세요?" 최 사장은 자신 있게 대답했다. "10만 달러면 되지 않나요?"

그 이튿날 나는 새 앨범 제작을 맡은 맨트라 TV(맨해튼의 예술 전문 케이블 방송) 대표 신진식 씨와 함께 팔짝팔짝 뛰어서 스튜디오로 갔다. 우리는 최고급 스튜디오에서 싸구려 창고까지 꼼꼼히 따져본 다음에 월 스트리트에 있는 '런던 언더그라운드 스튜디오'로 정했다. 그 전에 유명한 프로듀서 존 롤로도 만났다. 영화 〈보디가드〉 사운드 트랙, 조 카커, 킹크스의 앨범 작업을 한 롤로는 그래미상을 두 번 받은 멋쟁이 영국 신사이다. 롤로는 "당신 노래가 마음에 들어요. 앨범을 전세계에 팔 겁니다. 당신이 원하는 게 뭔지 잘 알겠어요" 하고 말했다.

롤로와 나는 한 주 만에 뉴욕의 최정상 뮤지션들로 밴드를 만들었다. 우리 밴드엔 스물네 살의 젊은 기타리스트 대리어스가 있었다. 그는 소울 가수 윌슨 피킷과 유럽 순회공연을 마치고 돌아온 참이었다. 나는 처음 대리어스가 기타를 쳤을 때 완전히 넋이 나갔다. 스티비 레이 본보다 소리가 훌륭했다. 정말이지 동물 같은 감각을 지닌 타고난 기타리스트였다! 그는 '파드(pod)'라는 기타 특수효과 기구를 써서, 손쉽고 절묘하게 사운드를 연출해냈다. 존 롤로의 작업방식 중에 가장 흥미로운 건, 그가 믹싱 보드 앞에 서고

뉴욕의 내 아파트에서 글을 쓰고 있는데 옥사나가 사진을 찍었다.

뮤지션들은 모두 스튜디오 바깥에서 연주하게 한 거였다. 그는 "뮤지션들 눈을 보고 사인을 주고 싶은데요" 하고 말했다. 그는 내게 같은 노래를 두 번, 세 번 부르게 했다. 내 목소리를 이중, 삼중 트랙으로 녹음하기 위해서였다. 몇 곡을 그렇게 했다. 나는 평생 많은 명프로듀서들과 일해봤지만 존의 녹음방식만큼 파격적인 것은 없었다.

이때 녹음한 곡 가운데 가장 기억에 남는 건 빅토르 최의 〈핏줄(Blood)〉이란 곡이다. 아내 옥사나가 노랫말을 영어로 옮겨주었고, 후렴은 옥사나와 함께 러시아말로 불렀다. 아내의 모국어로 그 노래를 부르는 동안 내 혈관으로 피가 내달리는 게 느껴졌고, 내 눈엔 빅토르가 웃으며 날 바라보는 모습이 보였다. 나는 또 성가 〈구원의 빛〉을 만들어 한인교회 성가대에게 부르게 했다. 우리는 쉬지 않고 일했으며, 작업하는 동안에는 밴드 중 누구도 술 한 방울 입에 대지 않았다. 나만 빼고. 녹음은 두 주 만에 끝났다.

그날도 최형기 씨를 만나러 32번가를 걷고 있었다. 평소와 다름없이 날랜 걸음으로. 그런데 열 걸음 앞쯤에서 한 중년 여자가 날 뚫어져라 보는 게 느껴졌다. "호, 용기가 없어서 사인해 달라고도 못하는 팬이 여기 또 있군" 하고 생각했다. 그냥 지나치려는데 "대수 씨" 하고 날 부르는 소리가 들렸다. 너무도 낯익은 허스키 보이스였다. 순간 나는 얼어붙어 버렸다. 또다시 이런 순간이 오리라고는 생각지도 못했는데. 5년 동안 못 본 사이, 명신은 알아보지 못할 정도로 변해 있었다.

가냘픈 몸매에 유럽에서 유행하는 최신 헤어 스타일을 한 그녀가 멍한 표정으로 웃었다. "야! 이럴 수가, 믿을 수가 없어. 뉴욕에서 당신과 마주치다니. 어떻게 지내?" 내가 물었다. "샌프란시스코에서 돌아왔어. 유일한 고향에서 쉬어야 될 것 같아서. 그런데 이렇게 대수 씨를 만나다니!" "그런 비관적인 얘긴 그만둬. 우리 나이 고작 쉰하나야. 우리 앞에 신세계가 있다구." 그러자 명신이 말했다. "대수 씨한텐 그럴지 모르지만 난 아니야. 혼자 있는 것도, 우는 것도 이젠 지긋지긋해. 사는 데 지쳤어. 그렇다고 어쩌는 수 있나. 그냥 사는 거지. 날마다 성경을 읽고 하느님한테 길을 보여달라고 기도나 하면서." "그럼 됐지. 어쨌든 하느님 안에서 마음의 친구 하나는 있는 셈이니까. 그렇지만 우린 돈도 필요하지." 그리고 명신과 나는 약속도 없이 헤어졌다.

옥사나한테 그 얘길 했더니 대뜸 날 꾸짖었다. "우리집에 한번 오라고 청하지 그랬어요. 나랑 좋은 친구가 될 텐데." 우리 세 사람은 인생의 온갖 쓴맛을 경험했으니 어떤 어려운 일도 받아들일 준비가 되어 있었다. 예전에 실패한 사랑의 상처를 다독이면서, 친구 사이로 인생의 한때를 함께할 수도, 숱한 고통으로 얼룩진 얼굴에 다시 웃음을 떠올릴 수도 있게 되었다.

그렇게 다시 만난 지 1년, 옥사나의 도움으로 명신은 다시금 삶의 생기를 되찾았다. 나중에는 옥사나한테 컴퓨터도 배워서 그 현대의 괴물로 예술적 재능을 발휘하게도 되었다. 명신 쪽에서는 옥사나한테 한국 요리도 가르치고 한국말도 가르쳤다(옥사나는 제2의 이다도시가 되고 싶어한다). 둘이서 절친한 친구처럼 끊임없이 조잘대며 내 뒤를 따라오는 걸 보면(나는 빨리 걷는 편이라서 사람들을 앞질러 가버리기 일쑤다) 한없이 즐겁다. 무엇보다도 두 사람은 공통된 걸 한 가지 갖고 있는데, 그게 바로 나다! 나는 혼잣말로 중얼거린다. "인생아, 또 한 번 나를 갖고 노는군."

일본 공연에 한국 대표라니요?

　　　　　　　　　　　　1997년 2월의 추운 아침, 푹 자고 일어나 커피를 타다가, 일본에서 팩스가 들어온 걸 알았다. 일본? 거기서 나한테 팩스 보낼 사람이 누가 있지? 맨 위에 "크로스비트 아시아"라고 찍혀 있고 초등학생이 쓴 것같이 아주 서툰 글씨로 교 노부코(강신자)라는 서명이 있었다. 그해의 주요 행사인 후쿠오카 공연에 초청한다는 내용인데, 나더러 한국 대표로 일본의 록 스타 카르멘 마키와 함께 공연해 달라는 거였다. 카르멘 마키는 일본인들이 굉장히 사랑하는 가수로 우리의 양희은 같은 존재인데, 양희은보다는 록 쪽이었다. 깜짝 놀랐다. 나라니? 도대체 날 어떻게 알고, 내 노래는 어디서 들은 거야? 왜 날 고른 거지?

　당시 나는 '스피드 그래픽스'라는 굉장히 바쁜 사진현상소의 관리자로 일했다. 하루 열 시간씩 일하고, 미치광이 사진작가와 기술자들을 상대하느라 내 시간이라고는 전혀 없는 상태였다. 일, 일,

일……, 녹초가 돼서 집에 오고, 맥주 서너 잔 마시고 곯아떨어졌다가, 11시 뉴스를 보며 자는 게 하루 일과였다. 석 달 동안 한 번도 기타를 손에 잡지 못한 건 물론, 기타에 눈길조차 주지 못했다. 기타에 먼지가 두껍게 앉을 정도였다. 거기다 아내 옥사나는 모델 일을 정리하고 척추에 대수술을 받고 집에서 요양 중이었다. 나로선 음악을 하거나 공연을 할 형편이 안 되었다.

노부코는 말했다. "일본에 당신 팬이 많아요. 후쿠오카엔 특히 더 하고요. 젊은이들이 당신 음악을 아주 좋아한답니다(후쿠오카는 일본에서 재일교포가 가장 많이 사는 곳이다). 당신고 연락을 하려고 백방으로 알아봤지만 한국에는 소속 음반사나 매니저도 없어서 허탕만 쳤지요. 그러다 연세대 조한혜정 교수(조 교수는 내 사촌이고 여성운동 지도자이다)가 '현대 아시아 사회에서 여성의 역할'에 대해 강연을 하러 일본에 왔기에 연락을 주선해 달라고 부탁했어요. 그분이 '한대수는 우리 사촌오빤데 지금 뉴욕에 삽니다. 오빠가 중요한 일은 전화로 상의하지 않으니 팩스를 보내보세요. 오빠한테 직접 연락해서 물어보는 편이 좋겠네요' 하더군요. 그렇게 된 겁니다."

그래서 내가 물었다. "왜 접니까? 송창식이느 김민기, 신중현도 있고, 양희은도 있잖아요? 다들 저보다 유명하고 요즘도 열심히 활동하고 있는데요." "알아요. 하지만 가와카미(크로스비트 일본 대표)와 전 당신 음악이야말로 한국을 대표한다고 생각해요. 당신 음악이 더 우리 마음에 와 닿아요." "고마운 말씀이지만 공연 안 한 지 20년이나 됐고('칭기즈칸'하고 뉴욕에서 공연한 게 마지막), 제가 할 수 있을지 모르겠군요." 그녀는 쉽게 물러서려 하지 않았다. "부탁이에요. 저희가 도울 수 있는 일은 뭐든 할게요. 공연은 9월입니다. 연습할 시간은 충분해요."

로큰롤 가수한테 일본 투어는 꿈같은 일이다. 영국의 핑크 플로이드나 롤링 스톤스, 아니면 비틀즈에게 물어보라. 칩 트릭이나 키스, 밥 딜런 같은 미국 로커들한테도 물어보라. 하나같이 일본 투어가 가장 기억에 남고 가장 보람 있었다고 한다. 실제로 이 로커들이 낸 '부도칸 라이브' 앨범은 언제나 수백만 장씩 팔려나간다. 그럴 수밖에 없는 것이, 녹음기술 뛰어나고, 열정적인 팬이 있는 데다, 일본 프로모터들의 기획은 틀리는 법이 없다. 그러니 일본 공연 얘기를 들었을 때 흥분하지 않았다면 거짓말이다. 화려한 록 콘서트의 정수가 일본 투어 아닌가. 음악 하는 친구들한테 말했더니 모두 비명을 질렀다! 일본 투어라고? 그거 죽이는데! 나도 가고 싶어!!!

그러나 내게 문제가 있었고—너무 오래 기타 연주도, 노래도 안 해서 자신이 없었다—데려갈 밴드도 없었다. 마음은 끌렸지만 거절하는 게 옳았다. 한국 록의 위신을 나 혼자 짊어진다는 것도 부담스러웠다. 만약 그네들의 스타 카르멘 마키와 잘 해내지 못하면—그녀와 나는 무대에서 비교가 될 것이다—한국 음악, 나아가 한국의 명예를 더럽히는 꼴이 된다. 미묘한 양국 관계를 생각할 때, 실례가 안 되게 거절하는 길은 그녀 스스로 단념하게 만드는 수밖에 없었다.

고심 끝에 천문학적인 '화폐'를 요구하기로 마음먹었다. "제 밴드는 뉴욕 최곱니다. 멤버가 일곱인데, 한 사람당 만 달러에 비행기 표와 호텔 예약까지 해주지 않으면 꼼짝도 안 할 거예요" 하고 허풍을 떨었다. "그건 너무 많아요. 10만 달러가 넘잖아요. 저희는 그렇게 큰 단체도 아니고 그렇게 무리한 액수는 감당할 수 없어요." 됐다! 이제 안 가도 된다. "하지만," 그녀가 말했다. "주요 멤

일본 투어를 위해 다시 뭉친 나, 김도균, 이우창.

버 두셋만 와서 공연하면 어떻겠어요? 리듬 쪽은 카르멘 마키의 밴드가 하는 걸로 하고요." 그녀는 단념할 줄 몰랐고, 친절하고 예의발랐다. 진짜 일본 사람이었다. 그 순간 내 결심은 눈 녹듯 사라져버렸고, 용기 있고 아름다운 그녀를 존경하게 되었다. "그럼 좋아요. 해봅시다!"

300통이 넘는 팩스 서신을 주고받은 끝에—그녀는 참으로 솔직하고 성의를 다했으며 빈틈이 없었다—3월 말까지 콘서트 플랜, 예산, 프로그램을 정했다. 묵을 호텔, 인터뷰에 맞춰 밴드가 도착할 시간, 호텔 저녁식사에 이르기까지 완벽한 일정표가 나왔다. 그리고 내가 준비할 7개월의 시간이 주어졌다. 그녀는 진심으로 내가 공연을 멋지게 해내고 한국인에게 명예가 돌아가길 바라는 마음에서 그런 배려를 해주었다. 나는 깊이 감동했다.

이제 밴드를 꾸려야 했다. 뉴욕 뮤지션을 많이 알고 있지만, 한국 음악을 선보이는 문화교류 행사니까 밴드 역시 한국인이어야 했다. 늘 즉흥 연주를 하는 내게는 사운드에서 가장 중요하고 절정을 이루는 게 기타, 그러니까 리드 기타이다. 리드 기타는 늘 문제다. 원체 하는 사람도 많지 않고 모두들 저 잘난 괴짜들이다. 도통 함께 어울리지 못하고 지독하게 자기 중심적이고 거만하다. 누가 좋을까? 생각하고 또 생각했다. 전에 그룹 백두산의 리더였던 김도균이 생각났다. 김도균과는 1년 전에 만나서 같이 연주한 적이 있는데 호흡이 잘 맞았다. 게다가 대구 출신이라 나랑 똑같이 경상도 사투리를 썼다. 키도 크고 잘생긴 데다 무대에서는 뛰어난 연주자고. 좋아, 그럼 됐어! 서울에 전화를 했더니 그는 듣는 즉시 "일본! 좋아요!" 했다.

이제 훌륭한 피아니스트만 있으면 된다. 꾸물댈 필요가 없었다.

이우창이 있잖아. 미국에서도 손꼽히는 맨해튼 재즈학교에서 작곡으로 석사학위를 받은 그와는 언제나 사이가 좋았다. 캐나다 몬트리올에 사는 우창은 내게 전화를 걸어서 자기 사는 얘기를 시시콜콜 늘어놓길 잘했고, 나는 형 노릇을 했으니까. 우린 1991년에 《천사들의 담화》란 앨범도 같이 만들었고, 서로에게 변함없는 애정을 갖고 있었다. 내가 일본 얘길 꺼내자 그가 소릴 질렀다. "그거 죽이는데! 신난다! 하자구!" 그는 보수가 얼만지도 듣지 않았다.

   이것으로 준비는 되었다. 내겐 한국 최고의 뮤지션이 둘 있고, 바야흐로 '사랑과 평화'의 훈풍이 우리 세 사람에게 불어오고 있었다. 한국 정부가 일본 문화에 문호를 개방하고 양국 관계를 더 긴밀히 하는 방향으로 정책을 바꾸기 2년 전 일이었다.

'당신은 훌륭한 예술가니까 잘 해낼 거예요'

한 주에 수백만 달러가 오고 가는 스피드 그래픽스에서 나는 아주 중요한 일을 맡았다. 랠프 로렌, 캘빈 클라인, 소더비즈 같은 유명한 회사들이 모두 우리 고객이었다. 그들은 사진 세 장 쓰려고 사전에 몇백 장씩 찍었다. 수백 번 인화는 기본이었다. 다 완벽한 작품을 위해서였다. 나는 근무가 끝난 뒤에 연습하려고 애를 썼지만 소용이 없었다. 음악은 나아지지 않았고 과로로 코피가 터지기 일쑤였다. 아내 옥사나는 저번 수술의 후유증에서 완전히 회복해서 '아우어바크 그레이션'이라는 국제 증권회사에서 관리자로 일하기 시작했다. 나이치고는 보수가 꽤나 좋은 편이었다. 사장이 둘 있었는데, 두 사람 다 교양 있는 신사고, 친절하게도 내가 곤경에 빠진 걸 알아주었던 것이다.

옥사나는 당장 일을 그만두고 음악에만 전념하라고 말했다. 아내의 용기에 나는 몹시 놀랐다. "당신 미쳤어! 당신 혼자 벌어서 어떻게 산단 말이야? 비싼 집세랑 먹는 거, 전화비, 다 어떻게 혼자서 감당한다는 거야?" 옥사나는 나를 달래서 식탁 의자에 앉히더니 계산기를 가져왔다. "좋아요, 집세, 식비, 지하철 요금, 전화비······" 그녀가 목록을 죽 적어갔는데, 한 주에 50달러가 남았다. "당신 점심값은 어떡하고?" 내가 물었다. "괜찮아요. 당신이 날마다 샌드위치 싸주면 되잖아요. 그래도 30달러 남아요." "주말엔 버거킹에서 먹어요. 비싼데 한국 식당에서 먹지 말고." 그녀는 담담하게 말했다.

나는 내 귀를 의심했고 겁이 더럭 났다. 돈 때문에 옥사나한테 너무 큰 고통을 주는 거 아냐? 얼마에 한 번씩 사던 새 옷을 못 사게 되면? 화장품이 떨어졌는데 못 산다면? 그러다 뉴욕에 3만이 넘는 홈리스가 있다는 사실을 깨달았다. 진짜로 겁이 났다(뉴욕에서 거리에 나앉기란 너무 쉽다. 일자리가 떨어져서 석 달 안에 취직을 못 하면 홈리스가 되는 거다. 그러면 친구도, 친척도, 아무도 돌아보지 않는다. 이건 돈이 인간관계를 지배하는 자본주의 사회의 단적인 사례에 불과하다).

"한 달 동안 살아봐요. 내 월급 갖고만 살 수 없다면 그때 가서 당신이 파트타임 일거리라도 찾으면 되잖아요. 당신은 훌륭한 예술가니까 잘 해낼 거예요. 이건 하늘이 준 기회라구요." 이 말을 듣고 두려운 마음이 조금 가라앉았다. 그녀가 날 믿고 있다는 게 너무 기뻤다. 나는 아내 말에 따르기로 했다. 아내와 나는, 곳곳에 위험이 도사리고 있는 황량한 벌판을 함께 여행하는 동반자니까.

아내 말이 옳았다. 우리는 그녀가 번 것만으로 살아냈고 내 음악은 나아졌다. 새로운 곡을 쓸 정도가 되었다. 여자 아트 디렉터들의 찢어지는 목소리를 듣지 않으니 살 것 같았다. 그들은 사진이나 인화 색감이 잘못 나왔다고 날 꾸짖었다. 나는 직원들이 지각하거나 점심 때 마약을 하면 야단을 치고 기술자들을 고용 또는 해고해야 하는 어려운 일을 해왔다. 이제 거기서 해방이다. 나는 구름과 푸른 하늘을 쳐다보고, 내 음악에 완전히 빠져들 수 있었다. 신이여! 이렇게 귀한 시간을 주셔서 고맙습니다.

나는 즐기던 버드와이저(한 캔에 1달러) 대신 캔 하나에 30센트 하는 싸구려 맥주를 마셨고, 빈 캔은 슈퍼마켓에 가져다주고 5센트씩 받았다. 닭을 한 마리 사면 첫날엔 고기를 먹고 다음 날엔 뼈다귀를 모아 수프를 만들었다. 예전에 어렵던 시절 할머니가 그렇게 하셨지. 살아가는 데에는 별로 돈이 들지 않았고 나는 만족했다. 돈을 아끼려고 새 책을 사지 않고 도서관에 가서 내가 좋아하는 논픽션들을 빌려다 보았다. 거기서 나는 항상 작곡의 영감을 얻었다. 나는 옥사나의 도시락에 신경을 썼다. 하루는 갈비, 하루는 스페인식 칠

아버지, 새어머니, 옥사나와 함께. 아버지는 늙을수록 나랑 마음이 잘 통하게 되어 롱아일랜드에서 1시간 반 동안 차를 몰아 내 아파트에 오곤 했다.

리 하는 식으로. 그녀가 내게 준 사랑과 희생에 보답하기 위해서.

김도균과 이우창을 불러 함께 연습할 때가 되었다. 하지만 돈이 없어서 비행기 표도, 시간당 13달러나 하는 뉴욕의 비싼 연습실도 얻을 수 없었다. 콘서트를 처음부터 끝까지 연습하려면 최소 100시간은 필요한데. 노부코 씨가 돈을 얼마 당겨서 보내주었지만 그걸로는 모자랐다. 돈을 더 보내 달라고 할 처지도 못 되고. 우리 밴드 멤버가 서로 다른 대륙에 사는 게 그녀 잘못은 아니니까.

어떻게 해야 하나? 나는 생각하고 또 생각했다. 문득 절친한 친구 두 사람의 얼굴이 떠올랐다. 태국의 성공한 사업가인 줄리앙과 서울의 돈 많은 친구 KJK. KJK는 내가 서울에 있던 스무 살 때 만났는데, 그 뒤로 언제나 나와 내 음악을 기꺼이 후원해주었다. 내가 일본 투어 얘길 꺼내자 두 사람은 마음으로 기뻐해주었다. "우리나라를 위해 멋지게 해내야 해. 도와줄게." 줄리앙은 김도균의 뉴욕행 비행기 값을 내주었고, KJK는 연습실을 빌릴 돈을 대주었다. 그렇게 해서 우리는 준비가 되었다! Let's Rock!

김도균은 내가 서부개척 시대에 큰 전투에서 미국 군대를 이긴 인디언 추장의 이름을 따서 '시팅 불(앉아 있는 황소)'이라고 별명을 지어준 친구다. 아메리카 인디언들의 영웅인 그 추장은 185센티미터의 장신인 김도균처럼 둥근 얼굴에 머리가 길었다. 김도균은 이 별명이 좋은지 내가 별명을 부를 때마다 낄낄거렸다. 마침내 김도균이 뉴욕에 왔고, 퀸스의 내 조그만 아파트에서 우리의 음악 생활이 시작됐다. 그는 신심이 깊어져서 술은 안 마셨고 성경과 기도서를 끼고 살았다. 나 역시 기독교인으로 자라났으니까, 우리는 기타 코드를 맞추면서 하느님이라든가 성경에 나오는 심오한 구절이나 의심 가는 대목들에 대해 얘기를 주고받을 수 있었다.

우창이 오기만을 기다리는데, 우창은 전화로 이렇게 말했다. "몬트리올에서 뭉치는 게 어때? 여긴 스튜디오 쓰는 데 시간당 7달러밖에 안 되고 내 아파트도 큰데." 생각해보니 그러면 돈을 엄청 절약할 수 있고 남는 돈으로 재미나게 쓸 수도 있을 것 같았다. '시팅 불'과 나는 펜실베이니아 역에서 몬트리올행 기차를 탔다. 몬트리올까지 가는 여덟 시간 동안 우리는 자연이 빚어낸 황홀한 경치에 넋을 잃었다. 산과 골짜기는 온통 바람에 몸을 맡기고 흔들리는 꽃천지였다.

우창의 아파트는 도심 한가운데 있는 침실 두 개짜리로 아주 컸다. 일은 거기서 시작되었다. 우리는 거실에다 짐을 내려놓고 서로 부둥켜안았다. 우창은 자동차와 컴퓨터에 '망치'라는 개까지 한 마리 데리고 폼나게 살고 있었다. 그런데 캐나다인 드러머와 베이스 연주자를 데리고 연습에 들어갔을 때 문제가 있음을 알았다. 시팅 불은 로커고 우창은 재즈맨이었다. 두 사람은 음악 언어가 서로 달랐고 서로 부딪치는 때도 있었다. 나는 문제를 눈치채자마자 두 사람을 붙들고 말했다. "우린 함께해야 해. 좋은 음악을 만들어야지. 에고는 던져버려야 한다구. 여기선 누구도 스타가 아니야. 나도 아니야." 잠깐 말다툼이 오갔지만, 사운드는 가까스로 조화를 찾았다. 우리는 우리 인생에 기념비가 될 콘서트를 향해 발걸음을 내디뎠다. 몸이 떨렸다!

연습이 끝나면 우리는 걸어서 시내에 나가 먹고 쉬었다. 멋진 두 후원자 덕분에 우리는 가끔씩 잘 먹고 즐길 여유도 있었다. 옛말에도 "일만 하고 쉬지 않으면 사람이 멍청해진다"고 하지 않던가. 캐나다 경제는 썩 좋은 편이 아니다. 중공업이 많지 않아서 자동차나 텔레비전, 비행기 제조업이 없다. 하지만 가스나 물 같은 천연자원은 많다. 캐나다 여자들은 모두 피부가 아주 좋은데—나는 여성의 아름다움을 숭배하니까—그 비결은 공기 맑고 물 좋은 데 살아서인 것 같다.

캐나다가 좋은 점은 토플리스 바가 아주 많다는 것이다. 거기서는 미모의 아가씨들이 브래지어를 벗고 춤을 추는데 굶주린 남성들을 위해 발가벗고 출 때도 있다. 물론 미국에도 그런 바들은 있지만 건강미 넘치고 젊디젊은 캐나다 여성들에 견줄 바가 못 된다. 이 바들은 짭짤한 관광 수입원이니까 캐나다 정부가 어느 정도 부추기는 면도 있다. 또 다른 나라하고 다른 점은 남자들이 돈을 내고 그 여자들을 만지는 게 법으로 허용이 된다는 거다. 물론 키스나 섹스는 안 된다.

우창이 저녁 때 여기저기 데리고 다니며 구경을 시켜줬는데 나는 이 캐나다 댄서들한테 홀딱 반해버렸다. 하나같이 피부가 아름답고 멋진 금발들이다(미국같이 가짜 금발하고는 다르다). 그런데 시팅 불은 한국에서 온 데다 신앙심이 깊어놔서 제정신이 아니었다. 그는 눈으로 보고도 믿지를 못했다. 이곳에서 경험한 건 간접적이고 순결하게 성을 즐기는 것이었다. 나는 이곳이 '양호'하다고 말했다. 여기서 '양호'라는 말이 탄생했다. 연습을 마치면 서로 마주 보고 '양호'한 곳에 가자며 시시덕거렸다. 그곳에 다녀올 때마다 시팅 불은 무릎을 꿇고 기도했다. "하느님, 제가 죄를 범했나이다. 저를 사하여 주소서." 그러면 우창과 나는 장난꾸러기들처럼 킬킬댔다.

몬트리올에서 두 주를 보내고 우리는 일본을 공략할 준비를 끝냈다. 얼굴에는 새로운 전의가 불타올랐다. 노래는 강력했고 음악은 멋졌다. 시팅 불과 나는 우창과 캐나다에 작별을 고하고 뉴욕으로 돌아왔다.

나는 음악에 완전히 빠져들어서 새 곡들을 쓰기 시작했다. 그 노래들은 절망과 슬픔에서 나왔다. 나는 붉은 광장의 레닌 묘소를 보고, 코소보 전쟁에 커다란 충격을 받고, 이스라엘과 팔레스타인 간에 여전히 계속되는 무력 충돌을 보고 〈No Religion〉을 썼다. 천진한 아이들이 이유 없이 사지에서 죽어간다는 사실에 고통스러웠다. 그 모든 게 종교 때문이라니! 노랫말이 굉장히 호소력이 강해서 나는 세상에서 가장 큰 워싱턴 시의 국제시인협회에 시를 보냈다. 협회의 반응은 열렬했고 나는 편집인상을 받고(염병할 놈의 상장) 상임위원으로 지명됐다.

그 다음 해에는 〈Think of You Still〉이라는 시로 상을 받았다. 상금 5천 달러와 함께. 옥사나는 상장을 보더니 열광하여 눈물을 떨구었다. "그것 봐요, 당신 직장 그만두라고 하면서 내가 한 말 기억해요? 당신은 진짜 훌륭한 예술가예요!" 뜨거운 여름날 매디슨가를 걷다가 늙은 여인이 혼자 분수 옆에서 지팡이를 짚고 멍하니 있는 걸 보았다. 〈Think of You Still〉은 이 늙은 여인을 보고 쓴 시다. 나는 뒤쪽에서 그녀를 찍었고, 뒤에도 그 생각을 했다. 내가 그녀라고 생각해보았다. 미래는 없고 추억만 곱씹고 있는 내 모습. '노년'이란 끔찍한 괴물이 날 덮쳤을 때를. 그리고 명신도 생각했다. 나이가 들면 명신은 무얼 하게 될까? 저 여자처럼 잠자코 앉아 있게 될까? 지금 그녀는 웃고 있을까? 아니면 눈물로 볼을 적시고 있을까?

    Think of you still
    As the moon interphases
    With the sun
    As the wintry thaw

나는 분수 옆에 멍하니 앉아 있는 이 나이 든 여인을 보고 〈Think of You Still〉이라는 시를 썼다.

Surrenders to the milky way
As my hair softlands
Ashen and grey

Think of you still
As I turn to the corner
That we once stood
Gazing into the eyes
Of our youth
Our homemade universe 〈Think of You Still〉

아직도 당신을 생각해
달이 스러지고 해가 모습을 드러낼 때
얼어붙은 겨울이 풀려
불의 은하수에 무릎을 꿇을 때
내 머리칼이 조용히

회색으로 빛을 잃을 때

아직도 당신을 생각해
언젠가 함께 있던 그 모퉁이에
눈길이 닿을 때
우리의 청춘
우리가 빚어낸 우주에
눈과 눈이 부딪칠 때 〈아직도 당신을 생각해〉

아버지는 늙을수록 나하고 마음이 잘 통하게 되었다. 오해와 방해꾼들 때문에 오랜 세월을 허비한 뒤에야 우리 부자는 다시 사이가 좋아졌다. 아버지는 롱아일랜드에서 1시간 반이나 차를 몰아 퀸스의 내 아파트에 오곤 했다. 그저 아들과 이런저런 얘기나 하는 게 고작이었지만. 한 달에 한 번쯤은 아버지가 좋아하는 한국 음식을 함께 먹었다.

아버지는 예순다섯이 되자 몸 여기저기가 아프다고 푸념을 늘어놓고 '예비 부품'이 있어야겠다고 말했다. 여기서 아이디어를 얻어 만든 곡이 〈Spare Parts〉로, 도쿄에서 처음 노래했다. 또 그 즈음 에이즈로 죽어가는 환자가 쓴 책을 읽었다. 나날이 나빠져가는 상태를 일기로 적어놓은 그 책에 나는 감동했다. 사람이란 얼마나 약한가, 하늘 아래 얼마나 힘없는 존재인가. 그런 생각이 〈AIDs Song〉을 낳았고, 역시 일본에서 처음 연주했다. "화내지 말고, 헛소문 퍼뜨리지 말고, 자만하지 마라"라는 후렴은 테무친(칭기즈칸)이 부하들을 처벌할 때 했던 말이기도 하고, 불교의 덕목이기도 하다. 창조의 열정이 용솟음쳤고, 새 노래를 세상에 보여주고픈 열망이 불타올랐다.

일본으로 떠나기 전, 빨간 머리에 쾌활한 미도의 여성 로커 데이나의 초대를 받았다. 브로드웨이 47번가에 있는 한 술집으로 자기 공연을 보러 오라는 거였다. 밴드 멤버가 몽땅 가서 술맛도 보고 브로드웨이도 구경했다. 내가 데이나한테 김도균을 소개했다. "이 친구가 나랑 일본서 공연할 시팅 불이야. 에릭 클랩튼보다 낫다고!" 그러자 데이나는 "말만 하지 말아요. 당장 무대에 올라 기타로 말하라구!" 데이나는 제니스 조플린 같은, 사람의 마음을 움직이는 쉰 목소리의 소유자였다.

시팅 불이 기타를 퉁기자 그녀는 광란했다! 젊은 사업가들과 월스트리트 브로커들은 눈앞의 광경을 믿을 수가 없었다. 인디언처럼 생긴 꺽다리 아시아 남자가 오늘로 세상이 끝나기라도 하는 양 슬프디슬픈 블루스를 연주했다. 기타가 격렬하게 음을 토해냈다! 연주가 끝나자 관객들은 모두들 일어나서 소리를 지르며 열렬히 환호했다. 한 젊은 변호사는 무대에서 내려오는 시팅 불을 껴안았다. 나는 빙글빙글 웃으며, 일본 관중도 그럴 거라고 직감했다. 내겐 내 음악을 최고로 표현할 최고의 기타리스트가 있으니까. 자, 준비는 다 됐어!

뉴욕에서 떠나기 전날, 우리는 친구들과 친척들을 불러 큰 파티를 열었다. 모두 성공을 빌어주었다. 아버지 하위와 미국인 어머니 수는 롱아일랜드에서 와서 우리를 공항까지 태워다주었다. 도쿄행 비행기는 한밤중에 있었다. 아버지는 내 어깨를 부여잡고 "얘야, 네 덕에 내가 버논(엘비스 프레슬리의 아버지)이 되는구나. 넌 잘할 거야. 난 알 수 있어."

진실한 사랑이 담긴 그 말에, 불운한 인생의 다이너리로 우리 부자가 서로를 모르고 지냈던 지난 세월은 감쪽같이 사라졌다. 옥사나, 우창, 시팅 불과 나는 점보 여객기에 몸을 누이고 아무 말 없이 깊은 생각에 잠겼다. 틀림없는 실제고 현실이었다. 도쿄는 우리의 음악을 기다리고 있었다. 그때까지 우리는 이 사건이 한국의 뮤지션들한테 어떻게 받아들여질지 짐작도 못 했다.

일본 공연, 진짜 일본 사람들

나리타에서 비행기를 내려 공항을 빠져나오자 가스가 히로후미(별명은 하치)와 준(교 노부코의 남동생)이 환하게 웃으며 맞아주었다. 우리는 따뜻한 악수로 인사를 나누었다. 노부코와 세운 계획이, 7개월간의 길고 힘든 작업이 드디어 열매를 맺게 되는구나. 그래, 드디어 현실이 된 거야. 두 시간 반 걸려 신주쿠의 호텔에 도착해서, 하치와 프로그램을 점검하고 이튿날 그의 밴드와 연습할 곡을 정했다. 하치는 카르멘 마키 밴드의 리더이자 기타리스트였다. 우리는 그의 유창한 한국말에 눈이 휘둥그레졌는데, 그가 한글로 쓸 줄도 안다는 걸 알고 기절초풍할 뻔했다. 하치는 재일교포도 아니고 순수 일본인인데. 그는 가수 강산에의 프로듀서였고 기타리스트로 활약하고 있었다. 그가 얼마나 한국 음악을 사랑하고 깊이 이해하는지는 말로는 설명이 안 된다.

나는 새삼 일본인의 정신세계를 실감했다. 다른 문화에 대한 끝없는 호기심과 배움의 욕구. 아마 일본 사람들은 포르투갈 배가 에도 항에 들어왔을 때에도 그런 열정으로 대했겠지. 그들은 처음 보는 서양인을 배척하지 않고 배 만드는 법과 대포 쏘는 법을 배웠다. 화기가 유럽에서 처음 들어온 이래 일본인들은 한때 유럽 전체가 제조한 것보다 더 많은 총기를 보유했다. 하치는 우리나라의 '창'도 알았고, 장구와 꽹과리를 기가 막히게 잘 다뤄서 또 한 번 놀랐다.

첫날, 우리는 작지만 편안한 호텔방에서 잠깐 쉰 다음 저녁 초대를 받았다. 왁자한 분위기의 식당에서 하치는 우리더러 먹고 싶은 걸 주문하라고 했다. 곧바로 옥사나가 "사시미" 하고 소리쳤다. 사시미는 일본 사람들한테는 비싼 요리로 통하고, 항상 식사 때만 먹는 게 아니라 뭔가 특별한 일이 있을 때 먹는 요리다. 두 사람이 먹으면 딱 좋게 생긴 요리가 나오자 우리 넷이서 2분 만에 먹어치웠다. 맛 좋은 사키(일본 곡주)를 마셔대면서. 하치와 준은 깜짝 놀란 얼굴로 또 다른 요리를 주문했다. 이번에도 두 사람 분량으로 생긴 게 나왔다. 또다시 2분 만에 해치워버렸다. 하치와 준은 젓가락으로 무 조각이나 생선 찌꺼기만 건드렸을 뿐이다.

나중에야 우리가 먹은 요리가 6인분이었다는 걸 알았다. 그런데 그 비싼 요리 12인분을 10분 만에 먹어치웠으니. 일본 사람들은 먹을 때 느긋하게 천천히 먹고 아주 조금씩만 먹는다. 사시미는 원기를 북돋우는 음식이니까 배부르도록 먹을 필요는 없는 것이다. 이제는 고인이 된 배우 도시로 미후네가 영화 〈레드 선〉에서 "배가 크면 머리는 작다!"고 말했지.

준을 따라 연습실에 가보니, 밴드 멤버들이 준비를 완벽하게 갖추고 있었다. 로드 매니저 노릇을 해주는 준은 기타들하고 우리 짐을 모두 옮겨주어서, 우리는 손가락 하나 까딱하지 않았다. 빼빼 마른 준이 고무 슬리퍼를 신고 일하는 걸 보면 이 사람이 무슨 고행을 하는 사람인가 싶었다. 준은 그 무거운 우창의 키보드도 혼자서 옮겼고 아무 도움도 받으려 하지 않았다. "이건 제 일입니다. 괜찮습니다." 그의 헌신은 놀랍기만 했다. 그들은 기타 기술자도 대기시켜 놓았다. 내 기타줄 하나가 끊어지자 기술자가 즉시 내 기타를 가져가서 능숙한 손놀림으로 단 5분 만에 기타줄을 모조리 간 다음, 키가 틀리지 않게 줄 하나하나를 알맞게 당겨주었다(새로 간 줄은 아직 충분히 늘어나지 않아서 키가 항상 빗나간다). 나는 또 한 번 일본인의 프로정신에 경탄했다. 세션들도 다 잘해서 몇 시간 안에 일본인 베이스와 기타, 드럼과 함께 좋은 하모니를 이룰 수 있었다.

　연습 둘째 날, 이상은이 일본인 매니저 두 사람이랑 같이 왔다. 후쿠오카에서 콘서트를 준비하고 있는 노부코 씨가 이상은이 코러스를 하면 어떻겠냐고 제의했다. 나는 몹시 기뻤지만 그녀에 대해서 아는 바가 없었다. 오래 전에 TV에서 본 적이 있는데 그땐 키가 굉장히 크고 아주 낯설어 보였다. 노래를 몇 곡 해봤더니, 그녀는 목소리도 아름답고 내 음악을 빨리 알아차렸다. 다시 한 번 노래를 맞춰보고, 내가 "그만하면 됐습니다" 했다. 하치는 "한 선생님은 정말로 연습 많이 하는 걸 싫어하시나 봐요?" 하고 물어왔다. 그렇다. 뮤지션들이 내 음악의 기본 형식과 코드를 안다면 연습을 많이 할 필요는 없다. 내 노래 코드야 원체 간단하고. 또 나는 뮤지션들이 무대에서 내 음악을 충분히 받쳐줄 수 있다고 믿는다. 너무 연습을 많이 하면 뮤지션들도 진이 빠져버린다. 내 목소리도 그렇고. 난 언제나 공연에서 즉흥 연주를 즐기는 편이다.

　뉴욕에 있을 때 하치가 도쿄의 긴자에서 작은 콘서트를 하는 게 어떠냐고 제안해와서 좋다는 답을 보냈다. 그런데 막상 가보니 재일교포가 사장인 '라이브 하우스' 개점 행사의 메인 공연이었다. 일본이어서 북한 사람이건 한국 사람이건 별로 따지지 않지만, 빠찡꼬 같은 지하사업의 소유주가 대체로 조총련계 인사들이기 때문에 나는 라이브 하우스의 사장이 어느 쪽인지를 물었다. 그의 말을 들어보면 한국 출신이 분명했다. 하지만 확신할 수는 없었다. 자칫하면 밴드의 장래를 망칠 수 있는 일이라, 어찌나 걱정이 되던지 라이브 하우스에서 공연하고 싶지 않다고 말해버렸다. 하치는 일본인 특유의 차가운 눈초리로 날 쳐다보며 "한 선생님이 약속하신 거니 약속을 지켜야 합니다!!" 하는 거였다. 일본인의 사무라이 정신으로 그가 나를 불같이 쏘아보았다. 하치 말이 옳지. 약속은 내가 했으니 명예를 걸고 지켜야지……

일본 음악잡지에 실린 우리의 공연 기사.

우리는 30분짜리 짤막한 공연을 했고, 관객들 반응은 좋았다. 다행히 사장은 한국인 사업가였다. 거기서 록 음악 프로모터로 음악 평론도 쓰는 서병후 씨를 만났다. 그는 공연을 보고 내게 다가와 크게 축하해주었다. "한 선생님 음악은 세월이 흐를수록 좋아지고 있네요. 놀랐습니다. 공연 진짜 좋았어요. 에너지가 넘치시는군요." 서병후는 1969년에 나를 몇 차례 인터뷰한 적이 있는데, 당시 다른 기자들보다 말을 돌리지 않고 대놓고 물었던 기억이 있다. 그도 참 많이 변해서 아주 긴 머리에 대부 같은 옷을 입었다. 로스앤젤레스에서 산 지 오래 됐다고 했다.

공연이 끝나자 젊은이들이 사인을 받으러 우리한테 몰려왔다. 내 첫 앨범《멀고 먼 길》을 갖고 온 이들이 많아서, 무지 놀랐다. "어떻게 이걸 구했어요? 한국에서는 이 앨범이 하도 귀해서 10만 원이 넘는다던데요?" 그러자 그들은 청계천을 뒤져서 샀고, 몇 사람은 그걸 사러 광주에까지 갔다 왔다고 했다. 나는 또 한 번 아연실색했다. 백두산과 아시아나의 앨범을 갖고 온 친구들도 있어서 김도균한테 사인을 받으러 몰려갔다. 김도균은 스물한 살 먹은 젊은이가 자기가 유일하게 솔로로 낸 앨범을 갖고 있는 걸 보고 놀라 자빠질 지경이었다. 김도균은 나한테 자기도 그 앨범은 갖고 있지 않다고 말했다. 팬들의 반응은 너무나 열광적이었다. 그제야 나도 미국과 영국의 록 스타들이 일본 공연을 왜 그렇게 좋아하는지 실감할 수 있었다.

우리는 우리 앞에 공연을 한 '곱창전골'과 한잔했다. 팀의 리더와 그의 매력적인 아내가 신중현 씨를 죽도록 좋아하는 팬인 걸 알고 정말 기뻤다. '곱창전골'은 일본 전역에서 무대에 설 때마다 신중현 곡을 연주했다는 것이다. 그가 신중현 씨와 찍은 사진을 보여

줬는데 보물처럼 아꼈다. 짧은 공연이었지만 2천 달러나 받았다. 나는 '긴자, 너 물건이구나!!' 하고 중얼거렸다. 이튿날 우리는 국내편으로 2시간 거리의 후쿠오카로 날아갔다.

세관을 나오자마자 교 노부코 씨와 가와카미의 환대를 받았다. 직접 만나기는 처음이었다. 재일교포인 교 노부코는 유명 작가이자 천재들만 들어간다는 도쿄대 법대(하버드 법대 같은) 출신이었다. 가와카미는 땅딸막하고 원기 왕성한 독신녀로, 내가 짧은 일본어 실력으로 "도모도모 문-다이-나이(문제 없어요) 이-이-데스-네(아름다워요)" 하고 말하자 고음으로 깔깔 웃었다(나는 아주 말쑥하고, 두꺼운 안경 너머 눈매가 뚜렷한 노부코 씨한테서 깊은 인상을 받았다). 두 사람은 우릴 위해 마련한 밴으로 안내를 했다. 정확하게 시간을 맞추고 그런 작은 일에까지 세심하게 준비를 해준 데서 정말 프로구나 하고 느꼈다.

후쿠오카는 일본 남부, 규슈 섬에서 손꼽히는 대도시이다. 도쿄가 뉴욕이라면 후쿠오카는 샌프란시스코쯤 된다. 유행에 민감하고 음식이 훌륭한 이 도시는 예술과 문화의 중심지를 자처한다. 여기서 신문, 라디오, TV 등등의 인터뷰로 눈코 뜰 새 없는 나날이 시작됐다. 그들이 주로 묻는 건, 왜 내 음악이 그토록 오랜 시간 한국에서 금지됐는지, 한일간에 문화교류 증진을 위해 문호를 여는 최선의 방법은 무엇인지 하는 거였다. 나는 과거는 지나간 거니까 증오의 감정만 자꾸 들추지 말고, 과거에서 배워서 좋은 방향으로 관계를 모색해야 한다, 한국과 일본은 역사, 문화, 지리적으로 가까운 나라인 만큼 양국이 가까워지는 건 바람직하고 또 꼭 그래야 한다고 대답했다.

우리가 간 IMS홀은 대형 쇼핑센터 맨 위층에 있는 공연장이었다. 일본 사람들은 놀랄 만큼 정확했다. IMS홀에는 아무 방향으로나 움직일 수 있는, 공중에서 매달린 무대가 있는데, 좌석도 따라서 움직이게 되어 있었다. 스모 경기를 할 땐 무대를 한가운데 오게 하고, 패션쇼를 할 땐 무대와 객석을 디자이너가 원하는 대로 설치할 수 있었다. 벽체도 살펴봤는데, 첨단 우주공학 소재로 되어 있고 소리가 아주 따뜻한 톤으로 반사되었다. 우리가 음향과 조명을 체크하자 모두들 호기심에 가득 차서—과연 한국 록은 어떤 소리가 나는지 알고 싶어서—귀를 기울였다. 노부코 씨도 유심히 듣더니 내게 와서 말했다. "한 선생님, 음악이 너무 놀라워요!" 덕분에 안심이 좀 되었다. 9월 27일이었다.

콘서트 당일 밤, 우리는 바짝 긴장해 있었다. 기대에 부풀어 소곤대며 몰려드는 관중들이 보였다. 가와카미와 스태프는 마지막 순간까지 붐비는 시내 큰길에서 전단을 돌리며 한국 로커를 보러 오라고 젊은이들한테 열심히 선전을 했다. 나는 이 모습에 깊이 감동했다. 콘서트의 성공을 위해 마지막 순간까지 쉬지 않고 뛰는 그녀의 노고와 헌신에.

표는 동이 났다. 무대 뒤에서 기다리고 있는데, 우레와 같은 환성이 들려왔다. 카르멘 마키의 무대였다. 우창과 시팅 불과 나는 딱딱하게 굳은 얼굴로 마주 보았다. 이상은은 바로 두 시간 전에 새로 산 최신 드레스로 갈아입고, 초록과 노랑으로 물들인 머리를 손가락으로 매만지고 있었다. 바로 그때, 시팅 쿨이 우리를 불러모아 "기도하자"고 말했다. 나는 할아버지가 큰일을 앞두고 기도했던 걸 떠올렸다. "하느님, 당신의 힘과 당신의 길을 주소서. 주 예수 그리스도의 이름으로, 아멘" 모두 한목소리로 아멘을 외쳤다.

카르멘 마키의 음악은 리듬이 다양하고 굉장히 서정적이었는데,

하와이언 스틸 기타를 쓴 게 돋보였다. 그녀가 마지막 곡을 부를 때 무대 매니저가 우리한테 다가와 준비하라고 했다. 다음 순간 우리는 무대 위, 따가운 조명 아래로 이끌려 나갔다. 모든 것이 눈 깜짝할 사이에 전개됐고 내 머리는 텅 비어버렸다. 나는 중얼거렸다. "Let's Rock!"

강력한 기타 전주로 이전 음악을 관객의 뇌리에서 날려버리고 분위기를 우리 쪽으로 돌려놓는 게 내 작전이었다. 시팅 불이 열정적으로 기타를 퉁기는 소리가 들려왔고, 관중들은 흥분하기 시작했다. 됐어, 이제 관중은 내 음악을 따라오게 되어 있어. 나는 첫인사를 옥사나한테서 배운 러시아말로 했다. "깍딜라 모이 니뿐스키 드루지야, 푸리봐드노 봐스비넷, 지셴스카 빠똥스멜즈(우리 일본 친구들 안녕하세요, 기분이 어때요? 사는 것도 제기랄이고 죽는 것도 제기랄! 아!)."

그리고 가장 최근에 쓴 곡 〈AIDs Song〉으로 시작했다. 강한 메시지의 록인 〈AIDs Song〉 다음은 〈One Day〉와 〈No Religion〉으로 이었다. 관중들의 흥분과 열광이 느껴졌다. 관중의 열광은 내 속에서 더 큰 에너지를 끌어냈다. 내가 큐 사카모토의 빌보드 1위 히트곡 〈스키야키〉를 혼자서 일본어로 부르자 관중의 흥분은 최고로 고조되었다. 한국인이 일본에서 그네들이 가장 좋아하는 노래를 일본어로 부른다는 건 상징적 의미가 컸다. 이제야 나는 무대에서 즐길 수 있었다. 마지막 곡 〈물 좀 주소〉가 끝났는데도 관중들은 떠날 생각을 않고 계속 손을 맞춰 박수를 쳐댔다.

관중석의 앵콜 요청에 세 번 답했다. 마지막 앵콜에서 〈행복의 나라〉를 밴드 멤버들이 한 소절씩 불렀고, 일본인 멤버들은 자기 나라 말로 불렀다. 공연은 대성공이었다. 나는 옥사나를 찾았다.

후쿠오카 콘서트에서. 이상은이 코러스를 맡아주었다.

옥사나는 아기처럼 울었다. 너무나 행복해서. 이 공연은 여러 달 동안 그렇게 헌신하고 희생했던 그녀의 승리이기도 했다. 나는 그녀를 껴안고 키스했고, 조용히 안아주었다. 우창과 시팅 불과 우리는 "우린 해냈어!" 하고 하이 파이브를 서로 했다. 공연 직후에 《마이니치 신문》 기자가 찾아왔다. "한 선생님, 저는 여태껏 〈스키야키〉를 많이 들었지만 선생님처럼 부르는 건 처음이었어요. 〈스키야키〉가 그렇게 풍부한 감정을 담고 있다는 것을 새삼 깨달았습니다." 정말 듣기 좋은 찬사였고, 나는 고맙다고 인사했다.

크로스비트 아시아는 공연 후에 후쿠오카 전통 음식점에서 파티를 마련했다. 스태프 전원과 밴드 멤버들하고 다 해서 50명이나 모였다. 가와카미는 스태프 한 사람 한 사람을 불러세워 칭찬을 해주었다. 공연이 끝난 뒤의 행사에도 이렇게 마음을 쓰다니. 일본 사

뒤늦은 스포트라이트 211

람은 우리한테서, 또 우리는 그들한테서 무얼 배워야 할까. 끝없는 사키와 끝없는 찬사들……. 나는 흥분으로 기진맥진해서 옥사나한테 몸을 기댔다. 우리는 기분 좋게 술에 취해 불빛이 흐릿한 좁은 골목을 지나 후쿠오카의 밤 속으로 걸어갔다.

모든 것이 끝났다. 공연을 앞두고 짓눌려 산 7개월. 귓전을 울리는 환성 뒤의 공허. 이런 걸 공연 후 우울이라고 부른다. 옥사나와 나는 쉬려고 방콕의 줄리앙한테 가기로 하고 노부코, 가와카미와 작별했다. 그들은 지쳤지만 만족한 것처럼 보였다. 시팅 불과 우창을 보니 미소에 슬픈 기운이 느껴졌다. 우리는 헤어져야 했고, 인생만사는 시작이 있으면 끝이 있게 마련이다. 나는 말없이 그들을 껴안고 "곧 다시 보자"고 말했다. 그들은 날 쳐다보고는 일어섰다. 나는 두 사람의 모습이 점점 작아져서 안 보일 때까지 지켜보았다. 그리고 방콕행 비행기에 몸을 실었다.

태국의 바닷가에서 나와 절친한 불교 신자 줄리앙과 그의 사랑스런 아내 경미와 한 주를 멋지게 놀고 나서 옥사나와 나는 서울로 갔다. 일본 공연의 결과로 신문과 방송에서 내 음악과 나라는 인간을 다시 주목하게 됐다. 그들은 30년 동안 날 잊고 있다가, 일본 사람들이 인정하자 이제 내 음악의 가치를 재평가하기 시작했다. 나는 중요 공연에 출연해 달라는 청을 받았다. 삼성 계열사인 유니텔이 후원하고 올림픽 체조경기장에서 열리는 대형 록 콘서트였다. 참가 밴드가 열 팀도 넘는데 다 쟁쟁한 이들이었다. 전인권, 사랑과 평화, 크래쉬, 어어부 프로젝트 사운드, 황신혜 밴드, 강산에, 김창완 등등. 나는 공연이 막을 내릴 즈음 앵콜곡으로 〈행복의 나라〉를 부르면서 관중들한테 말했다. 모든 한국인, 동서남북의 한국인이 다 함께 하나가 되어야 한다고.

나는 방송가의 시달림을 당했다. 날마다 인터뷰를 열 건씩 하고. 인천 TV에서 인터뷰할 때는 내가 방송국에 갈 시간이 없다고 하자 카메라와 조명 따위를 싣고 내 아파트로 찾아왔다. 김민기도 날 보자고 했지만, 내가 잠잘 때 말고는 짬이 안 난다는 걸 알았다. 그래서 우리는 공항으로 가는 차 속에서 이야기를 나누었다. 참 우스운 일이지! 나는 뉴욕으로 가면서 생각했다. 왜, 내가 더 젊고 열정에 가득 찼던 시절에 내 음악을 알아주지 않았는지. 그래도 "영영 안 하는 것보다는 늦게라도 하는 게 낫다."

30년 만의 귀환

뉴욕의 작은 부엌에서 한참 요리에 열중하고 있는데 전화가 왔다. "형님, 저 희은이에요." 양희은 장군님의 전화다. 항상 나를 "형님"이라 부른다. "다름이 아니라 금년(1999년)에 한국 포크 30주년을 기념해서 페스티벌이 있는 거 아세요? 형님이 1969년 드라마센터에서 한 리사이틀을 시작으로 보는 거지요. 혹시 포크 페스티벌 주최하는 사람들한테서 연락이 안 왔습니까?" 나는 전혀 그런 일이 있는 줄도 몰랐고 초청도 받은 바 없었다. "그럼 제가 5월 5일부터 5일간 콘서트를 하니까 형님을 단독 게스트로 모시겠습니다. 한대수 없이 30주년이 무슨 의미가 있습니까?" 나는 기꺼이 승낙을 했다. 《이성의 시대, 반역의 시대》 음반을 녹음 중이었지만(작업이 순조롭게 되어 믹싱만 남아 있었다), 통기타 하나 어깨에 메고 바람 찬 존 F. 케네디 공항으로 나섰다.

"호텔은 어디로 잡을까요?" "신라, 하이야트 다 필요 없어. 공연장에서 걸어갈 수 있는 거리면 돼. 깨끗하기만 하면. 나는 산보를 좋아하니까." 그래서 나는 여의도 호텔에 가방을 풀고 공연장인 국민일보 영산아트홀로 산보를 갔다.

기가 막힌 건물이었다. 어느 나라에도 뒤지지 않는 자랑할 만한 디자인과 설계였다. 알고 보니 순복음교회 산하 건물이고 일본 건축가가 설계를 맡았다고 한다. 양장군은 나 혼자서 통기타, 하모니카 연주를 하라고 주문했다. 드라마센터 그때 그 모습을 사람들이 보고 싶어한다고. 고민이었다. 1975년 《고무신》 앨범 이후로 혼자 해본 적이 없다. 항상 젊은 록 밴드(손무현, 김도균), 아니면 재즈 밴드(잭 리, 이우창)와 같이 했고 또 녹음 중인 《이성의 시대, 반역의 시대》도 하드록 밴드와 작업을 계속하고 있는 터라 30년 전으로 돌아간다는 것은 쉽지가 않았다.

고민 끝에 '좋아! 나는 미친 개니까 미치게만 하면 되겠지' 하고 한강이 보이는 아주 양호한 호텔 창가에서 '나는 나 혼자뿐, 엎어지면 내 코만 다칠 뿐' 하면서 맹연습에 들어갔다. TV도 안 보고 라디오도 안 듣고 신문도 안 읽었다. 오직 나와 내 통기타뿐이었다. 잠도 같이 자고 커피도 같이 마시고. 30년 전으로 돌아간 것이다.

그런데 큰 문제가 있었다. 하모니카를 못 분다는 것을 발견했다. 특히 팬들이 듣고 싶어하는 〈바람과 나〉에서는 한 음을 길게 쭈욱 빨아야 하는데 숨이 막혀 음이 산산조각 나는 완전 아마추어 소리가 났다. 큰일났다. 하기야

1999년 발표한 앨범 《이성의 시대, 반역의 시대》.

30년 동안 담배를 몇백만 개비나 피웠을까? 좋아! 방법이 있지. 공연하다가 하모니카가 막힐 때는 휘파람으로 대신해야지. 하기야 나는 일곱 살 때부터 워낙 휘파람을 잘 불어 할머니 가게가 많은 부산 국제시장을 지날 때마다 사람들이 "야! 저 휘파람 소년 또 왔다"고 소리쳤으니까.

공연은 5일 동안 성공적으로 끝났다. 다시 나 혼자만이라도 콘서트를 치를 수 있다는 자신감이 생겼다. 관객들은 내 연주에 환호를 보내주었다. 휘파람도 많이 불었다. 매일 공연이 끝나면 꼭 사인회가 있었다. 그야말로 내 팬들이 어떤 사람들인지 알아볼 수 있는 좋은 기회였다. 나는 놀라서 입이 벌어졌다. '야! 생각지도 않았는데 전부 20대, 30대 아냐? 고등학생들도 있네.' 2년 전 유니텔 록 콘서트에선 관중이 만 명도 넘게 와서 팬들과 만날 기회가 없었는데, 이렇게 젊은 친구들이 내 팬이라는 사실을 깨닫고 내 음악에 대해서 작은 희망이 보였다.

공연 후 일산 양장군 집에서 같이 식사를 했는데, 그녀가 얼마나 용감하고 목적의식이 뚜렷한 여자인지 새삼 깨달았다. 남편 조 선생이 설계한 이탈리아 피렌체풍의 커다란 집에서 양장군은 꽃밭을 가꾸고, 개를 기르고, 넓은 지하실에서 음악 하는 사람들과 음률을 맞추며 살고 있었다. 자기 목적을 이룬 만족한 음악인의 모습이었다.

공연 후 매스컴에서는 포크가 이렇고 저렇고 유달리 얘기가 많았다. 어찌나 취재에 열을 올리는지, 시간이 없다고 인터뷰를 거절해도 MBC TV에서는 내가 호텔방에서 나와 다음 방송으로 가는 모습까지 찍어 보도할 정도였다.

1970년대부터 80년대까지 대중의 사랑을 받아온 포크 음악이 10

1997년 올림픽 체조경기장에서 열린 유니텔 록 콘서트 때의 모습.

대 힙합 음악의 강렬한 리듬 공세를 이겨내지 못하고 언더그라운드의 암흑에 빠져버렸다. 이것을 다시 살리려고 중년의 음악 관계자들이 애를 쓰고 있었다. 나는 구태여 그럴 필요가 없다고 생각한다. 모든 음악 장르는 '햇빛을 보는 때'가 있다. 이것은 억지로 만들 수가 없다. 10대 음악이 '화폐'의 대상이 되어 모든 음반사, 방송사가 스포트라이트를 비출 때는 이유가 있다. 그만큼 10대, 20대 세대가 중요해진 것이고, 다시 말해서 나라가 부유해졌다는 의미이다. 젊은 세대를 중요하게 여기지 않는 나라는 없다. 선진국인 독일이나 일본은 특별히 어린이를 위한 공원, 공공시설, 박물관 들이 가는 곳마다 있다.

포크 음악도 1960, 70년대에는 10대, 20대 음악이었다. 문제는 현재 우리 젊은이들이 '음악의 반찬'을 골고루 먹지 못해서 영양분을 제대로 섭취하지 않는 것이다. 나는 항상 동료 음악인들을 만나면 10대들이 재즈나 록이나 포크 무대에 오기를 기대하지 마라, 오지도 않는다. 그러니 10대가 있는 무대를 찾아가라고 한다. HOT 옆에서 〈행복의 나라〉를 불러도 괜찮다. 베이비복스 옆에서 〈아침 이슬〉을 불러도 괜찮다. 자꾸 들으면 좋아질 가능성은 아주 많다. 미국에서는 톰 존스나 숀 코너리가 나보다도 몇 살 더 많지만 젊은 이들에게 사랑을 받는다. 나이 먹은 자신을 젊은이들의 무대에 자신 있게 보여주기 때문이다. 톰 존스의 공연이 끝나면 무대에 여자 속옷이 수백 장이나 흩어져 있다. 할아버지 톰 존스가 기뻐 아니할 수 없다.

친구이자 뉴욕 시절부터 가깝게 지냈던 연극인 겸 음악평론가 이무영 씨와 그의 아름다운 부인한테서 저녁 초대를 받아 갔다가 포크 30주년 공연을 기획한 강헌 씨를 만났다. "아니, 한 선생님. 실은 제가 제일 먼저 초청했습니다. 출연료를 너무 많이 요구하셔서 도무지 우리 예산으로 맞출 수가 없었지만요." 알고 보니 우리 매니지먼트 쪽에서 나한테도 알리지 않고 천문학적인 '화폐'를 요구한 것이다. 결국 그 회사와 다른 문제로 헤어졌지만, 매니저와 아티스트 관계는 언제나 문제가 있다. 우리의 나쁜 습성이 매니저가 아티스트를 만든다고 생각해서 아티스트하고 상의도 없이 일을 처리하는 것이다. 믹 재거도 매니저와 항상 문제가 있어서 20년 남짓 매니저 없이 자기 혼자 일을 처리한다. 예산 책정에서부터 회의까지. 우리 아티스트들도 믹 재거한테 배워야겠지만 우리는 믹같이 런던 경제학대학 출신이 아니니.

중국의 로커 최건을 만나다

추이 지안(최건)을 만난 건 1999년 여름이다. 그는 센트럴 파크 여름 콘서트 때문에 뉴욕에 있었다. 차이나타운 근방에서 최고로 잘나가는 클럽 '바워리 볼룸'에서 공연도 했다. 나는 삼촌인 연세대 박영재 교수한테서 그의 음악에 대해 듣게 됐다. 삼촌은 그가 훌륭하고 정력적인 록 스타라면서 나더러 그와 함께 조인트 콘서트를 하라고 열을 냈다. 추이 지안을 만났는데 나랑 얘기가 잘 통했고 내 제안에 관심을 보였다. 다음 날 《뉴욕 타임스》를 보는데 추이 지안에 관한 기사가 실렸다. 기자는 그를 가리켜 "유일한 아시아 록 스타"라고 부르는 게 아닌가.

나는 2000년 4월에 옛날 앨범과 새 앨범 출시에 맞춰서 서울로 오는 길에 베이징을 들러 추이 지안을 만나고, 새로운 강대국으로 부상한 중국을 내 눈으로 직접 보았다. 중국에는 변화의 바람이 요동치고 있었다! 가는 곳마다 건물이 올라가고 사람들은 생동감과 열망에 차 있었다. 가게마다 중국 상품과 외국 상품이 나란히 진열

되어 있었다. 공산주의의 그늘은 온데간데없었다. 모택동 주석의 초상이 '자금성' 입구에 걸려 있는 것만 빼면. 베이징의 넓은 도로를 달리는 자전거의 물결도 놀라웠다. 메뚜기떼가 종횡무진으로 날아다니는 것만 같았다. 참 멋지다는 생각을 했다. "몸에도 좋고 공기에도 좋고, 거기다 귀한 에너지를 아끼니 좋고." 그곳 방송과 언론에서는 새로 등장한 부유층에 대해 말했다. 승용차를 사는 사람들이 급속하게 늘고 있다고. 나는 사실이 아니길 바랐다. 그리고 미국이 중국을 경계하는 까닭을 알 만했다. 미국은 인권 문제를 거론하고, 세계무역기구(WTO) 가입에 반대하고 있다. 미국은 중국을 라이벌로 인식하고 경계하는 것이다.

버스를 타고 만리장성에도 가봤다. 가이드가 사람을 잘 웃겼는데, "아시다시피 중국 남자들한테는 큰 문제가 있어요. 여자가 부족하단 겁니다. 최고로 예쁜 여자들은 유럽인이나 미국인하고 결

베이징에서 추이 지안(최건)을 만나 서울에서 함께 공연하기로 했다.

혼하고, 그 다음으로 예쁜 여자들은 대만인을 고르죠. 그러니 우리 한텐 떨거지만 돌아옵니다. 하하!" 하고 말했다. 중국에서 받은 인상은 한마디로 돈이다. 어디서나 '화폐' 냄새가 났다. 관광객 꽁무니를 악착같이 쫓아다니는 행상에서부터 식당에서 거래하는 말쑥한 사업가들에 이르기까지 돈의 힘이 미치지 않는 곳이 없었다!

추이 지안은 날마다 녹음이 끝나면 호텔방으로 찾아와 얘길 나누었다(나는 베이징 중심가에 있는 일급 호텔에 묵었는데, 하루에 70달러밖에 안 했다. 뉴욕에서 그만한 호텔이면 200달러는 했을 텐데. 1년만 지나면 여기도 배로 뛰겠지). 그는 한국말은 못 하니까 영어로 대화했다. 그의 영어는 유창했다. 추이 지안은 지금까지 자기가 해온 음악에서 벗어나려 하고 있었다. 새로 하는 음악은 리듬 쪽이 아주 강한 '노래' 스타일, 그러니까 랩과 록과 차이니스 비트를 합친 그런 스타일이다. 그에 따르면 "우리나라 사람들이 바라는 건 우리 음악에서 리듬이 더 강해지는 거예요. 저희가 하는 음악은 로큰롤은 아닙니다. 에그앤롤(Egg&Roll)이라고나 할까요." 추이 지안은 중국의 일류 로커로, 콘서트 때마다 매번 관객이 1만 명 이상 든다. 중국 정부는 그의 인기가 높아지자 수도 베이징에서 하는 공연을 금지하고 근교 지역 공연만 허가해주기도 한다.

추이 지안의 부모는 둘 다 조선족이다. 원래 베이징 교향악단의 호른 연주자였는데, 롤링 스톤스를 듣고는 음악 인생이 바뀌었다. 로큰롤을 안 할 수 없었다. 쉰두 살인 내가 정력이 떨어져서 이게 마지막 공연이 될 것 같다고 말하자, 나이 마흔인 추이 지안은 "그래요? 난 아니예요. 죽을 때까지 록을 할 거예요." 그러곤 확신에 찬 눈빛으로 날 바라봤다. 난 그를 믿었다.

떠나기 전날 한밤중에 그가 날 깨웠다. "꼭 가볼 록 클럽이 있어요. 일어나요!" 그의 일제 승용차에 올라타고 가로등 불빛이 흐릿하게 비치는 한밤의 베이징 거리를 내달렸다. 현관에 아무 장식도 간판도 없는 아주 은밀하게 생긴 문에 다다랐다. 그가 문을 여는 순간, 격렬한 리듬이 귀에 꽂혔고 온갖 향수와 땀 냄새가 코를 찔렀다. 위쪽에 빙 둘러 발코니가 딸린 거대한 댄스 무대가 있었다. 열여덟에서 스물다섯 살 가량 돼 보이는 젊은이들이 인더스트리얼 비트에 맞춰 격렬하게 몸을 흔들고 있었다. 초청을 받고 온 신주쿠 출신의 일본인 DJ가 진행하고 있었다.

손님이 500명쯤 되는데 여기저기 외국인이 섞여 있었다. 3분의 1이 외국인인 것 같았다. 베이징에는 외국인이 많은데 수가 계속 늘고 있었다. 돈 냄새를 맡고 몰려드니까! 젊고 매력 만점인 패션 모델들이 추이 지안을 둘러쌌다. 그곳에서 프랑스인 사진작가를 만났는데, 그는 "파리로 돌아가지 않을 겁니다. 여기서도 세계 일류 모델들 사진을 찍으니까요. 베이징에서는 항상 일이 많아요" 하고 말했다.

정말이지 베이징은 벌들한테 꿀이나 다름없었다. 사진작가, 영화제작자, 온갖가지 사업가들이 전세계 인구의 20%가 사는 이 거대한 시장을 뚫어보려고 기를 쓰고 있었다. "세상에서 가장 많은 사람이 쓰는 언어가 뭔지 아세요?" 추이 지안이 묻기에 "물론 영어지" 하고 대답했다. "아니예요. 중국말이에요. 생각해보세요." 나는 그와 작별 인사를 하고 한국 공연에 초대하겠노라고 약속했다. 그와는 2000년 8월 12일 속초에서 열리는 '제1회 대한민국 록 페스티벌'에서 함께 무대에 서기로 되어 있다.

1999년 12월, 크리스마스 직전에는 뉴욕의 한 현대무용단과 같이 작업할 특별한 기회가 생겼다. 그래서 김영순 댄스 컴퍼니가 세계에서 처음으로 공연하는 '망명(Exile)'의 음악을 맡았다. 김영순

김영순 댄스 컴퍼니의 현대무용 공연에서 음악을 맡는 특별한 기회를 얻었다.

씨는 나하고는 10년 지기인데 자신의 무용단이 10주년을 맞는 뜻깊은 공연에 나와 함께 작업하고 싶어했다. 내가 음악을 맡고, 내 첫 아내인 명신이 의상 디자인과 아트 디렉팅을 맡고. 나는 몹시 기뻤지만 현대무용에 맞추어 음악 작업을 하는 건 처음이었다.

김영순 씨는 홍신자와 버금가는 뉴욕의 손꼽히는 안무가로 일곱 살 때부터 오직 무용만 한 사람이다. 그녀는 평생 '무용' 한 가지에 매달렸다. 이화여대를 졸업하고 마사 그레이엄의 초청을 받아 미국에 왔고, 1977년 유명한 루돌프 누레예프 장학금을 받았다. 미국인 단원 7명으로 이루어진 그녀의 무용단은 연습실이 뉴욕 할렘 변두리에 있었다.

나는 평소 로큰롤 공연이 진짜 힘들고 어려운 일이라고 생각해 왔다. 여러 연주자들간의 갈등, 마약, 거기다 돈이 너무 많이 드는 것도 문제였다. 그런데 그녀가 해온 걸 보니 두려웠다. 뼈를 깎는 연습은 끝이 없고, 그녀 역시 엄청난 자금 문제와 씨름해야 했다.

그녀의 정력과 열정에 탄복할 따름이다. 무용하는 이들을 보고 정말 놀란 건, 그들이 오랜 시간 끊임없이 자기 몸을 있는 대로 늘이고 단련해야 한다는 사실이었다. 공연에서 무용수가 그 지독한 도약과 회전을 해내려면 근육과 뼈가 아주 재빠르게 움직여야 하기 때문이다. 그래서 무용수들은 바닥에 누워 여러 시간 몸을 흔들어 풀어줘야 하고, 다리와 넓적다리를 할 수 있는 한도까지 늘이기도 한다. 무용수들이 겪는 신체적인 고문은 믿기 어려울 정도였다.

조명이 흐려지면서 김영순 씨의 목소리가 흘러나오자 장내는 얼어붙은 듯 잠잠해졌다. "우리는 모두 망명자다. 어머니의 자궁에서, 우리의 어린 시절에서, 개인의 행복에서, 평화에서…… 우리가 돌아갈 곳을 애타게 찾다보면 그것이 망상이 돼버린다. 그 대가를 치러야 하는 때도 있다. 망명! 망명! 망명!" 다시 조명이 들어오고 샌프란시스코 발레단 출신의 주역 무용수 에릭이 나의 음악 〈술꾼의 일기〉에 맞춰 춤추기 시작했다. 나는 깊은 감명을 받았다. 한 번도 내 음악이 현대무용과 어우러진 걸 보지 못했으니까. 1992년 유엔에서 내 음악을 쓰고 패션쇼도 한 차례 했다. 그때 옥사나도 모델로 무대에 섰고 그렇게 아름다울 수가 없었다. 나는 넋을 잃었다.

'망명'은 이틀 밤 동안 매진되는 대성공을 거두었고, 허지훈 총영사까지 뉴욕의 한국영사관 직원들을 대동하고 참석하여 우리를 축하해주었다. 사람들의 율동과 음악, 가쁜 숨소리, 그리고 땀방울, 이 모든 게 한데 어우러져 우리의 숨겨진 영혼에 빛을 던져주었다. 잊을 수 없는 사건이었다. 지친 몸을 끌고 차가운 뉴욕의 밤거리를 걸을 때, 우리는 모두 우리가 머물 수 없는 곳에 머물기를 바라는 망명자들이었다.

 5부 나는 세상을 노래한다

내가 '한국의 밥 딜런'이라고?

　　　　　　　　　　　　　　나는 정식 음악교육을 받지 못했다. 다시 말하면 나는 엉터리다. 하지만 비틀즈, 롤링 스톤스, 후, 도어스와 같은 위대한 록 뮤지션들도 마찬가지다. 플리트우드 맥의 건반 주자를 제외하고는. 내가 알기로 위대한 록 스타 가운데 정규 교육을 받은 사람은 런던 왕립 음악아카데미를 졸업한 엘튼 존뿐이다.

　이것은 로큰롤의 장점이다. 무지가 축복이 될 수 있다. 《The Wall》이나 《Sgt. Pepper》 같은 이단적인 걸작을 낳은 것은 바로 이런 무지이다. 나는 내가 어떻게 곡을 쓰는지 모른다. 표현하고 싶은 충동을 느낄 때, 음악이 내게 찾아온다. 그 충동은 내 안의 주체할 수 없는 격렬함에서 끊임없이 솟아난다. 나는 너무나 예민해서 가끔 내 자신과 함께 살기 힘들 때도 있다. 영원한 삶이 있다면 이렇게 묻고 싶다. "어떻게 나 자신과 영원히 살지?"

　나는 항상 주위의 사건들에서 영향을 받는다. 이스라엘과 팔레

스타인 간의 끊임없는 갈등, 그리고 북아일랜드와 최근의 보스니아 내전에서 불합리한 종교투쟁 속에 헛되이 죽어가는 이들을 보고 〈No Religion〉을 만들었다. 두 번의 러시아 방문과 레닌 묘소 참배에서도 깊은 인상을 받았다. 또 신주쿠에서 새벽 5시에 술에 취해 언덕을 올라오던 몸집 큰 노르웨이 금발 여자를 보고 〈White Woman〉을 썼다. 도쿄에는 금발들을 접대부로 쓰는 가이징 바가 많이 있는데, 그런 데서 일하는 듯했다. 그 곡을 쓰는 데는 꽤 오래 사귄 케리도 한몫했다. 그녀를 통해 여성의 또 다른 면을 볼 수 있었다. 나는 어느 에이즈 환자가 죽음을 앞두고 쓴 일기를 읽고 감동했다. 그리고 우리의 올바른 행동을 표현하는 가사와 함께 〈AIDs Song〉을 썼다. 열여덟 살 때 쓴 〈바람과 나〉는 퍼시 비시 셸리의 아름다운 시 〈서풍에 바치는 송가〉를 읽고 만든 곡이다. 하지만 나는 그 시를 나만의 것으로 깊이 받아들여 아무것도 아닌 것이 되고 싶은 욕망을 표현하려고 했다. '무명 무실 무감한 님'이라는 가사는 괴로웠던 10대 시절의 느낌을 담은 것이다.

O wild West Wind, thou breath of Autumn's being,
Thou, from whose unseen presence the leaves dead
Are driven, like ghosts from an enchanter fleeing,

Yellow, and black, and pale, and hectic red,
Pestilence-stricken multitudes: O thou,
Who chariotest to their dark wintry bed

The winged seeds, where they lie cold and low,
Each like a corpse within it's grave, until
Thine azure sister of the Spring shall blow

Her clarion o'er the dreaming earth, and fill

(Driving sweet buds like flocks to feed in air)
With living hues and odours plain and hill:

Wild Spirit, which art moving everywhere;
Destroyer and preserver; hear, oh, hear! 〈Ode to the Western Wind〉

오, 세찬 서풍이여, 너, 가을의 숨결이여,
마법사 앞에 유령이 달아나듯 보이지 않는
네 앞에서 쫓겨 휘날리는구나, 죽은 잎사귀들이

누렇고 검고 열 오른 듯 붉은,
역병 걸린 무리가 오, 너는
날개 돋친 씨앗들을 어두운 지하의 겨울 잠자리로
몰고 가니, 무덤 속의 시체처럼
씨앗들 저마다 싸늘하게 지하에 묻혀 있으나 마침내
네 누이, 파란 봄바람은

꿈꾸는 대지 위에 나팔을 불어대어
(양떼처럼 향기로운 꽃봉오리 대기 속에 몰아 기르고)

들과 산을 생동하는 색깔과 향내로 채우게 되리
너, 움직이지 않는 곳이 없는 세찬 영기(靈氣)여,
파괴하면서 보존하는 자여, 들으라, 오, 들으라! 〈서풍에 바치는 송가〉

같은 해에 롱아일랜드행 기차를 타고 아버지 집에 가면서 〈행복의 나라〉도 만들었다. 나는 아버지에게, 그리고 나를 둘러싼 참을 수 없는 상황에 실망한 나머지 발악이라도 하고 싶었다. 슬픔에 깊이 병들어 있었기에 행복의 나라로 가고 싶었다. 첫 소절인 '장막을 걷어라'는 38선과 우리의 좁은 마음을 열어젖힌다는 뜻이다. 우리나라도 꼭 나처럼 슬픈 상황이었으니.

내게 가장 먼저 영향을 준 것은 클래식 음악이다. 어머니 뱃속에 있을 때부터 얼마나 많이 들었는지 울음소리도 바하의 푸가 선율 같았다는 농담이 있을 정도다. 그래서인지 내 노래는 항상 클라이맥스를 향해 발전되면서 연주자가 즉흥적으로 연주할 수 있는 여지가 풍부하다. 두 번째로 영향을 준 것은 엘비스 프레슬리다. 나는 엘비스의 크림처럼 부드러운 바리톤 음성과 헤어 스타일이 좋았다. 엘비스가 노래할 때 여자들이 보이는 열광은 두말할 것도 없었고. 솔직히 말하면 록 스타가 되고 싶었던 것도 다 그것 때문이었다. 록 스타만 되면 수많은 여자들의 사랑을 받을 수 있을 테니까. 하지만 내게 가장 큰 영향을 준 것은 존 레논이다. 그의 어머니는 술독에 빠져 있거나 남자들을 쫓아다녔고, 선원인 아버지는 가족을 돌보지 않았다. 그는 미미라는 이모 밑에서 외로운 어린 시절을 보냈다. 그런 점에서 그에게 강한 동질감을 느꼈다.

나는 인생의 부조리한 가치에 정력적으로 도전하는 존 레논을 사랑했다. 그는 많은 실패 속에서 미미한 성공을 거두었을 따름이지만 끝없이 시도했다. 다시 말해서 그는 살아 있었다. 불필요한 것을 모두 제거해버린 가사와 곡의 간결함. 그는 거드름 피우는 가사나 코드를 쓰지 않고 단도직입적으로 요점을 표현한다. 또 항상 여자들에게 약했고, 강한 유형의 여성에게, 대개는 오노 요코에게 자신을 맡겼다. 나 역시 같은 경우였으므로 존 레논과 완전히 동일시할 수 있었다. 나도 어머니 없이 자란 탓에 막상 나이가 들자 여자들을 대하면서 큰 어려움을 겪었다. 자신이 없고 또 버림받을지 모른다는 두려움이 있었다. 이 두려움은 끊임없이 나를 엄습했고, 평생 바탕에 깔려 있으면서 이성관계를 맺을 때마다 되살아났다. 이 때문에 관계를 호전시킬 수 있는 안정된 환경을 만들 수가 없었다. 나는 이 점에서 여러 번 실패했고 지금도 계속 실패하고 있다.

1980년 존 레논이 살해되자 나는 친구들과 함께 존 레논의 《Double Fantasy》를 몇 번이고 들으면서 하염없이 눈물을 흘렸다. 마치 지상의 천사를 빼앗긴 채 사악한 괴물들이 달려드는 세상에 맨몸으로 남겨진 듯한 기분이었다. 그리고 왜 훌륭한 아티스트들은 다들 요절할까 하는 의문을 품었다. 지미 헨드릭스, 짐 모리슨, 팀 버클리, 키스 문, 제니스 조플린, 필 오크스 그들 모두가 로큰롤이라는 환상의 희생양이었다. 나는 유명인사가 죽었다고 해서 울어본 적이 없기 때문에 내가 울리라고는 생각도 못 했다. 1978년 나는 미스터 호에게 안부 인사를 하러 세렌디피티 레스토랑에 들렀다가 존 레논을 만나는 행운을 얻었다. 나는 "미스터 레논, 훌륭한 음악을 들려주어서 고맙습니다" 하고 말했다. 그는 웃음을 머금고 고개를 끄덕여 보였다.

사람들은 나를 '한국의 밥 딜런'이라고들 하는데, 나는 영 맘에

존 레논 추모식에서.

들지 않는다. 내가 보기에는 밥 딜런은 노래를 만드는 것보다는 남을 속이는 데 재능이 있는 사람이다. 첫째로 그는 유태인 냄새를 지우고 아일랜드 시인 같은 분위기를 얻으려고 로버트 짐머맨이라는 본명도 딜런 토머스로 바꾸었다. 또 보통 사람들의 가수라는 이미지를 풍기지만, 실은 바하마에 섬을 두세 개 갖고 있다. 부자라는 사실이 못마땅한 게 아니라 솔직하지 못한 것이 못마땅하다. 콘서트에 한번 가봤는데, 진실하지 못해 너무 실망스러웠다. 자기 연민에 빠져 자신의 노래를 죽이고는 돈만 챙겨서 가버렸다. 물론 내가 하모니카를 연주하는 것도 밥 딜런과 비교되는 이유이긴 하지만, 그것도 딜런이 제일 먼저 한 것은 아니다. 기타와 하모니카를 동시에 연주하기 시작한 것은 흑인 노예들이었다. 그는 단지 우디 거스리의 작곡 기교를 본뜨면서 그 연주 기법도 받아들였을 뿐이다.

노래하며 하모니카를 분 것은 밥 딜런만이 아니다. 닐 영, 도노반, 심지어 요즘에 활동하는 부르스 스프링스틴도 그렇다. 그가 긴밀히 짜여진 복잡한 언어구조를 통해 작곡 장르를 혁명적으로 변화시켰음은 의심할 여지가 없다. 하지만 이것 또한 친구였던 시인 앨런 긴즈버그의 영향이다. 나는 밥 딜런이 가진 위선도, 교묘하게 신화를 만들어내는 재간도 없고 누구처럼 이름도 바꾸지 않았다!

사진은 음악에 많은 보탬이 되었다. 시각적 이미지는 음악적 아이디어를 떠올릴 때 도움이 된다. 그래서 나는 사진을 보면서 노래를 만든다. 존 레논, 퀸, 데이비드 보위, 토킹 헤즈, 그리고 내가 제일 좋아하는 브라이언 에노를 보면 이런 연관성을 이해할 수 있을 것이다. 이들은 모두 미술학교 출신이다. 나는 음악을 좋아하지 않는 사진가나 화가를 보지 못했고 그 반대도 마찬가지이다. 그 둘은 밀접한 관계를 갖고 있다. 긴 세월 동안 음악활동을 하면서 알게 된 아이러니는, 훌륭한 연주자들은 대부분 좋은 곡을 쓰지 못하고 훌륭한 작곡가들은 하나같이 악기를 제대로 연주하지 못한다는 거다. 존 레논과 밥 딜런, 폴 사이먼이 그 증거다. 그들은 위대한 작곡가였지만 기타는 그만큼 잘 치지 못했다. 그리고 에릭 클랩튼, 데이비드 길모어(훌륭한 노래는 대부분 베이스를 맡았던 로저 워터스가 만들었다), 에디 반 헤일런은 기타로는 대가이지만 훌륭한 작곡가는 아니었다.

작곡가가 되기 위해서는 자신이 외치는 것에 대한 강한 확신과 절실함이 있어야 한다. 그것은 음악 실력과는 아무런 상관이 없다(물론 코드 몇 개 정도는 알아야 한다). 중요한 건 표현하지 않고는 견딜 수 없을 만큼 절박했는가 하는 것이다. 내 경우엔 깊숙이 자리잡은 공허와, 부당한 일을 보고 듣거나 영감을 주는 대상을 만났을 때 분출하고자 하는 열망이 생긴다. 내 노래 중 좋은 곡들은 한 시간도 안 되어 곡과 가사가 모두 쓰여졌다.

나는 특정한 음성에는 특정한 음조가 어울린다는 규칙을 갖고 있다. 단어의 발음은 음조와 편안히 맞아떨어져야지 맞추기 힘들어서는 절대 안 된다. 나는 특정한 음조에서는 '카' 소리보다 '프' 소리가 어울린다는 것을 본능적으로 안다. 사람들은 내가 쓴 가사가 좋다고 하지만 내가 주안점을 두는 것은 곡이고 가사는 부차적이다. 가사는 음악이라는 남자에게 따르는 정부와 같은 것이다. 도쿄에서 어떤 팬이 내 음악을 들으면 노래하는 것이 아니라 시를 낭송하는 느낌이 든다고 했다. 엄청난 칭찬이었다. 그것이야말로 내가 의도한 바인 것이다. 나는 가사와 곡이 서로 불협화음을 이루는 소음 공해를 만들고 싶진 않다.

예를 들어 나는 〈해가 서쪽에서 뜬다〉를 쓸 때 '노력해서 부자 되자'라는 말 하나에서 시작했다. 서울에서는 대부분 불법적인 돈들이 어마어마하게 굴러다니고 있었고, 누구나 졸부가 되려고 안달이었다. 나는 술을 마시다가, 10억짜리 땅을 샀는데 석 달 뒤 30억짜리가 되었다는 자랑을 들었다. 그 순간 '노력해서 부자 되자'는 문구가 떠오르면서 그런 식으로 돈이 불균등하게 분배되어 발생하는 혼돈이 눈앞에 선했다. 나는 돈을 벌기 위해 열심히 일하는 미국 생활에 익숙해져 있었다. 미국에서 대다수의 노동자들은 시간당 임금을 받으며, 사장은 노동자들보다 훨씬 더 오래, 열심히 일한다. 그래서 나는 혼돈의 첫줄을 정했다. 이런 일이 계속된다면 언젠가는 해가 동쪽이 아니라 서쪽에서 뜰 것이라고. 그리고 열 개의 타악기만으로 리듬끼리 서로 싸우게 함으로써 불균형과 혼란을 묘사하려 했다.

  나는 사진을 공부했고 시를 쓰지만 음악을 만드는 것보다 만족스러운 것은 없다. 그것은 실로 초현실적인 경험이며 음악이 내 가슴에 심어주는 아름다움은 말로 다 표현할 수 없다. 책처럼 씌어 있는 것도 아니고, 그림처럼 만져볼 수 있는 것도 아니다. 나한테 음악은 신과의 대화이다. 시간적으로는 제한되어 있지만 영혼에게는 무한하다. 아르투어 쇼펜하우어는 음악이 최고의 예술형식이라고 했다. "음악은 예술 가운데 가장 완벽하고 성공적이다. 왜냐하면 그것은 즉각적이고 절박하게 자신에게 의지를 표출하기 때문이다." 음악은 진실로 마약이며, 한번 중독되면 돌이킬 수 없다. 음악은 음악가를 광기로 몰고 갈 수 있다. 내가 보기에 위대한 음악가들은 광기에 빠져 있었다. 아마데우스 모차르트나 바그너나 베토벤이나 슈만, 심지어 짐 모리슨이나 최근의 커트 코베인 같은 로커들도.

음악의 길을 가고 싶어하는 젊은이들이 나를 찾아오곤 하는데, 나는 그들에게 "꼭 해야 하는 것이 아니면 아예 하지 말게" 하고 충고한다. 우리가 음악을 선택하는 것이 아니라 음악이 우리를 선택해야 한다는 것이다. 음악가는 일에서 기쁨을 느끼는 게 아니라 엄청난 고통 속에서 기쁨을 느낄 뿐이다. 가끔은 차라리 음악가가 아니라, 가족을 돌보고 다음번에는 어떤 차를 살까 고민하는 좋은 남편, 좋은 아버지면 좋겠다고 생각할 때도 있다. 하지만 나는 타고난 예민함과 음악성 때문에 너무나 많은 감정들이 크나큰 고통만 불러오는 이 길로 오게 되었다. 나 자신도 지겹고 음악적 열망도 지겹지만, 계속 나아가는 수밖에 없다. 음악을 하지 않아도 미칠 것이고 해도 미칠 것이다. 그러니 차라리 하는 게 낫다. 나는 늘 음악 때문에 사랑하는 이들과 마찰을 빚어왔고 가정도 안정을 찾지 못했다. 사랑이 마약이라면 음악은 마약 중에서도 으뜸이며 거울 속의 자신과 끊임없이 싸우게 한다.

HOT 옆에서 하드록을 해도 좋아

요즘 젊은이들 문화에서 최신 유행의 힙합이나 랩 음악이 압도적이라는 불평을 많이 듣는다. 나이 든 이들은 고개를 설레설레 흔들며 "쟤들 듣는 거, 저게 무슨 음악이야?" 하고 말한다. 확실히 그런 음악은 멜로디 라인이나 변주가 얼마 없고 똑같은 멜로디가 반복된다. 하지만 젊은이들은 그걸 좋아한다. 일단 사실은 사실로 받아들여야 한다. 엘비스 프레슬리가 처음 TV에 나왔을 때 본 기억이 나는데, 그땐 카메라맨이 엘비스의 허리 아래는 찍지도 못했다. 1959년에는 너무 야하다고 생각했기 때문에. 비틀즈가 처음 나왔을 때 사람들은 "저게 여자야 남자야?" 하고 말했다.

모든 세대에겐 저마다 음악의 주제가 있다. 젊은이들의 주제는 '반항'이다. 부모 세대와 자신의 정체성을 구별하려고 하는 게 그들의 음악이다. 그래서 그들 자신을 오해하게 만들고 '냉담하게' 만든다. 15년 전 랩 음악이 처음 나왔을 때 나는 랩 음악을 좋아했다. 참신하고 반항적이라고 생각했다. 에어로스미스나 본 조비 같은 낡은 사운드하고는 달랐으니까. 할렘과 이스트 LA의 게토에서 출발한 랩 음악은 권력 없는 사회계층을 대표했다. 이 언더그라운드 음악이 지금은 주류가 되었다. 로큰롤이 세상에 나온 지 50년밖에 안 돼서 주요 산업이 된 것처럼.

한국은 이 음악의 형식을 따왔지만 스타일만 그렇고 내용은 다르다. 한국의 랩 뮤직은 사회에 맞추려고 기를 쓰는 배고프고 성난 흑인 청년들이 아니고, 이성간의 사랑을 노래한다. 한국의 힙합은 가난한 이들의 음악이 아니라 부자의 음악이 되었다. 우리 젊은 세대는 부모 세대가 오랫동안 고생해서 일군 대가를 누리고 있기 때문이다. 부모들은 몇 번의 전쟁과 가난, '유신', 비트남 전쟁을 겪었고, 그 결과 국제적인 기업으로 성장한 삼성, 현대 같은 재벌들이 커나왔다. 우리 젊은이들은 배고픔을 모르는 첫 세대다. 이게 나쁘다는 게 아니다. 한국의 젊은이들이 랩과 힙합에서 찾으려는 게 바로 그런 거라는 얘기다. 그들이 좋아하는 건 랩과 힙합 스타일이지만, 그들이 얘기하고 싶어하는 건 한국에 속한 자신들의 문제이다. 사랑과 섹스, 부모들한테서 느끼는 거리감, 그리고 통일까지도.

음악 하는 사람으로서 내가 걱정하는 문제는 우리 젊은이들이 여러 음악을 골고루 경험하지 않았다는 것이다. 나는 찰스 로이드(재즈), 라벨(클래식), 킹 크림슨(록), 존 바에즈(포크), 라비 샹카(인도 라가)를 듣고 자랐다. 이런 음악들이 젊은 시절의 나를 만들었다고 생각한다. 젊은이들이 랩만 듣는다면 사고방식도 랩식이 될 수밖에 없다. 아주 빠르고, 인내와 고독이라고는 모르며 행동밖에는 없는. 우리 10대들한테는 한반도 전체를 정신적으로 통일하는 일이 주어질 것이다. 내 생각에는 그게 현실이 될 날도 머지않았다. 그러니까

서울의 작업실에서 작곡을 하는 나.

다양한 스타일의 음악을 골고루, 충분히 감상할 필요가 있다. 음악이란 건 사람의 정신과 영혼에 영향을 주니까. 음악은 사람들을 웃게도 하고 울게도 한다. 음악은 사람들의 화를 가라앉히고 사랑에 빠지게도 만든다. 음악이란 건 정말 강력한 도구다. 레닌은 권력을 잡자 동지들을 시켜서 혁명가를 쓰게 했고, 히틀러가 연설하러 단상에 오를 때는 그가 등장하기 직전에 바그너의 곡이 울려퍼졌다. 또 애국가를 들을 땐 누구나 애국심을 느끼게 된다.

TV나 라디오, 방송 매체들에는 우리 젊은이들한테 여러 음악을 들려줄 의무가 있다고 생각한다. '화폐'가 되는지 안 되는지만 생각하지 말고. 문화 관련 사업은 돈과 책임성이 반반이 되어야 한다. 음반사는 신발을 만드는 게 아니다. 사람의 마음을 움직이는 음악을 만드는 거다. 이것은 굉장히 중책이다. 또 재즈나 록, 클래식 등 여러 분야에서 음악을 하는 사람들은 10대가 있는 곳에 가서 함께 공연해야 한다. 10대가 찾아오기만 기다리지 말고. 베이비복스와 하드록을 연주한다고 잘못될 건 없다. 10대들은 차이를 즐기게 될 것이다. 톰 존스와 숀 코너리는 젊은이들한테도 인기다. 둘 다 할아버진데 말이지.

대중음악의 장래를 어떻게 보느냐? 말하기 어려운 문제이지만 여러 정보를 근거로 짐작해볼 수는 있다. 나는 개인적으로 요즘 너무나 많은 음악이 연주되고 있다고 생각한다. 어딜 가나 음악이 있다. 슈퍼마켓에도, 식당에도, 택시를 타도, 하다 못해 길거리에까지 음악이 흘러나온다. 그것도 자기네 물건을 팔아먹으려고 시끄럽게 틀어놓고 있다. 음악이 너무 많아서 탈이다. 나는 사람을 만날 땐 음악이 없는 곳을 찾는다. 거의 불가능하지만. 이건 설탕이 너무 많은 것이나 같다. 그럼 어떻게 되지? 충치 아니면 당뇨.

나는 침묵을 사랑하고, 《천사들의 담화》라는 앨범에서 그런 곡을 쓰기도 했다. 나는 자연의 소리를 사랑한다. 바람 소리, 귀뚜라미 울음, 사자가 으르렁대는 소리, 아이들의 웃음소리. 가장 좋아하는 건 여자애들이 깔깔거리는 소리다. 내 귀에는 그대로 음악이다. 나는 전축을 트는 일이 거의 없다. 서울에서는 오디오 하나 없이 지낸다. 하지만 모두 나 같지는 않을 테고, 사람들한테는 음악이 필요하니, 어떤 음악이 미래를 지배하게 될까?

음악은 스스로 재충전을 해야 한다. 특히 팝 음악은. 유행하는 음악이 되자면 이 문제가 중요하다. 유행하지 못한다면 클래식처럼 '죽은 음악'이 되고 만다. 나는 오늘날의 클래식 음악을 "죽은 사람들이 쓴 곡의 악보를 산 사람이 읽는 것"이라고 말한다. 훌륭한 연주자는 많지만 중요한 작곡가는 없다. 클래식 음악에서 문제라곤 누가 바흐를 더 잘 연주하느냐이다. 사라 장이냐, 아니면 정경화냐? 구스타프 말러나 이고르 스트라빈스키 이래로 뛰어난 작곡가가 나오지를 않았다. 레너드 번스타인을 위대한 작곡가라고 말할 수 있을까? 그가 훌륭한 지휘자라는 건 인정한다.

그리고 대중문화의 흐름은 30년마다 변한다는 게 내 생각이다. 히피의 나팔바지가 작년부터 다시 등장했고 긴 부츠와 카우보이 부츠가 다시 유행한다. 음악에서는 1960, 70년대 스타일이 다시금 우리 감정에 호소력을 발휘하게 될 거라고 본다. 리듬이 더 강해진 형태로 다시 포장되어서 말이다. 왜냐하면 힙합은 이제 의미를 다 했기 때문이다. 열 살짜리들은 힙합조차도 어른들 음악으로 보게 될 것이다. 자기 고백적인 싱어송라이터 형태로 포크 음악이 등장하고 있다. 재즈 발라드가 참신한 방식으로 새롭게 불리고 있다. 블루스도 좀더 거친 방식으로 표현되고 있다. 실망스런 인터넷 사랑이나 끝나버린 디지털 연애 같은 현대 생활에서 느끼는 슬픔을 주제로 하면서.

내가 요즘 생각하는 건 세상이 너무 빨리 변한다는 것이다. 인터넷과 디지털이 지배하는 사회에서 성공하는 사람은 지극히 소수이고 대부분이 낙오한다. 이런 세상에서 나는 편집증을 느낀다. 아직 발표도 안 한 내 최신작 〈Paranoia〉는 이런 내 느낌을 담은 곡이다.

나는 잠자기가 무서워 나는 일어나기가 무서워
밖에 나가기도 무서워 집에 있는 것도 무서워
Paranoia Paranoia Paranoia

나는 밤이 오면 무서워 낮에도 무서워
여자가 무서워 남자도 무서워

Paranoia Paranoia Paranoia

나는 죽는 것이 무서워 살아 있는 것도 무서워
사랑 주는 것도 무서워 사랑 받는 것도 무서워
Paranoia Paranoia Paranoia 〈Paranoia〉

100퍼센트 독창적인 음악은 있을 수 없다. 앞에 나온 사운드나 경험을 재창조하는 것이다. 신만이 창조할 수 있지. 신은 이미 바람 소리, 새소리, 빗소리, 천둥소리 들로 음악을 창조해놓았다. 연인과 바닷가를 거닐 때, 갈매기는 머리 위를 날고 끝없이 밀려드는 파도는 바닷가를 때리며 감미로운 하모니를 들려준다. 그 이상 무슨 음악이 필요한가. 완벽한 음악이야! "사랑해" 하고 속삭이기만 하면 멋진 피날레가 될 거다.

문화적 혼혈아의 한국 사랑

나를 문화적 혼혈아라고 부르는 사람들이 있다. 정확한 평가라고 생각한다. 지구 밖을 여행하는 사람들이 지구의 진정한 아름다움과 고통을 더 깊이 느낄 수 있듯이. 또 부부간의 문제를 제삼자가 더 정확하게 짚어낼 수 있듯이. 난 깊은 관심과 사랑으로 내 조국 한국을 공부했다.

나는 한국인이고 우리나라와 우리 민족을 사랑하지만, 어떻게 하면 우리가 더욱 훌륭해질 수 있을까에 관심이 있다. 그러려면 먼저 '우리는 누구인가?'라는 질문에 답해야 하고 이건 굉장히 어려운 일이다. 하지만 답을 안다면 우리는 벌써 전진한 거다.

한국 어린이들의 IQ가 세계 최고 수준이라는 점만 보아도 우리 민족은 분명 머리가 좋고, 끈질긴 생명력도 갖고 있다. 세계 곳곳에 자리잡은 한국인들은 뉴욕에서 채소 장사를 하든 모스크바에서 수박을 팔든, 남의 도움 안 받고 꿋꿋이 잘 살아가고 있다. 우리 민족은 떠들썩하고 흥겨운 것을 좋아하며, 아시아에서 가장 잘생겼다. 그리고 무엇보다도 세계에서 가장 인심이 후하다. 한국의 어머니들은 다른 나라와 달리 자녀에게 더없이 헌신적이고 희생적이다. 그렇지만 좋은 점은 이야기할 필요가 없다. 그런 건 다들 알고 있으니까. 지금은 좋지 않은 점을 이야기할 때다.

나는 순회공연을 할 때마다 밴드 멤버를 뽑고 그들이 음악적으로나 개인적으로 잘 융합할 수 있도록 해야 한다. 연습에 들어가면 첫 소절만 듣고도 연주가 잘 되고 있는지 아닌지 감이 온다. 잘 되는 노래는 별걱정 없이 넘어가지만, 그렇지 않은 노래는 제대로 될 때까지 계속 연습한다. 마찬가지로, 우리 한국인들도 약점이 강점이 되어 완벽한 사운드를 낼 때까지 연습을 계속해야 한다. 그러려면 결점이 어디 있는지부터 찾아내어 철저히 따져봐야 한다.

이런 자기 반성과 분석을 거쳐야 진정한 정체성과 자신감을 가지고 시시각각으로 변화하는 테크놀로지 시대에 대처할 수 있다고 믿는다. 2차대전에서 눈부신 승리를 거둔 미국은 베트남 참전의 실패와 워터게이트 사건을 계기로 자성의 시간을 가졌다. 그러면서 미국인들은 정신이 배제된 힘만으로는 아무것도 이룰 수 없다는 걸 깨달았다. 그리고 인디언 원주민과 흑인 노예들에게 저지른 죄악에 눈을 뜨고, 전세계에서 터져나오던 '추악한 미국인'이나 '양키 고 홈'이라는 외침에 귀를 열기 시작했다. 미국은 얼마쯤 겸손해졌으나 여전히 강하다.

일본도 자기를 돌아보고 점검하는 시기를 거쳤다. 일본은 두 개의 핵폭탄이 몰고 온 끔찍한 고통을, 22만 명이 한순간에 몰살당하는 사상 유례 없는 대재난을 겪었다. 대일본제국이라고 자부하다가 미국이라는 외세에 점령당했다. 1960년대 후반에는 국수주의 열풍이 정치적 혼란으로 이어져, 급기야 일본의 위대한 작가 미시

마 유키오와 가와바타 야스나리를 자살로 몰아넣기도 했다. 일본은 스스로를 '추한 존재'로 선언하고 아름다움을 찾는 여정을 떠났다. 그들은 강대국으로 자리잡았다. '떠오르는 태양의 깃발은 오랫동안 접혀 있지만.

우리는 그런 자기 비판의 시기를 한 번도 거치지 못했다. 모든 것은 북쪽을 차지한 러시아와 경제를 수탈하는 미국과 우리를 이용하는 일본의 잘못이지, 결코 '우리' 한국인의 잘못은 아니었으니까. 바로 이것이 문제다. 우리는 스스로를 웅녀와 환웅의 후손, 즉 단군의 후손이라고 신화화했다. 그리고 반만년 역사를 지닌 세계 최고(最高)의 우수한 단일 민족임을 자랑한다. 정말 그럴까? 나는 잘 모르겠다. 이 사실을 증명해줄 기록이 없기 때문이다. 중국에서는 예수가 태어나기 직전에야 역사가 기록되었다. 물론 선사시대부터 한반도에 사람이 살았음을 증명하는 유적도 있긴 하지만.

우리는 신화를 만들고 또 믿는다. 김일성이라고 불리는 김성주는 1930년대 중반의 유명한 항일 유격대원이었다. 그는 만주의 20만 게릴라 중 한 사람에 불과했지만 일본을 혼자서 물리친 영웅으로 떠올랐다. 그는 북조선의 아버지가 되었다. 그리고 첫째 부인 김정숙이 맏아들 김정일을 단군처럼 백두산 기슭에서 낳았다면서 자신이 하느님의 혈통을 이어받았음을 증명하려 했다. 김정일은 하바로프스크 근처의 만주에서 태어났다. 거짓의 땅 위에 거짓의 집을 지은 것이다.

우리는 완고하리만큼 오만하다. 우리가 최고라는 둥, 어떻다는 둥 하는 소리를 듣고 싶어한다. 이런 태도는 열등감에서 왔다. 왜? 우리의 슬픈 역사 때문이다. 우리는 항상 강대국의 지배를 받았다.

언제나 중국 왕조들이 지닌 문화적 부를 경배해야 했다. 또 몽고에 짓밟혀 임금까지 강제로 몽고인과 결혼하고, 몽고가 이끄는 일본 침략에 징발되어 수많은 백성들이 가련하게 목숨을 잃었다. 최근에는 우리보다 열등하다고 여겼던 일본에 36년간 점령당했고, 그 뒤로 지금까지 50년이 지나도록 미국의 우산 아래 있다. 바로 이런 이유 때문이다.

우리는 무척 편협하다. 남을 받아들일 줄 모른다. 우리끼리도 다른 지방 출신을 배척한다. 서구 문물을 일본보다 늦게 받아들이게 된 것도 그 때문이다. 질투와 시기가 쇄국정책을 낳은 것이다. 누군가가 나보다 뛰어나면 그 말을 듣길 싫어한다. 결국 이런 태도는 외부의 영향력을 줄이고 세계를 보는 시야를 가로막는다. 오늘날에도 이런 모습이 보인다. TV를 켜면 독일이나 일본, 유럽의 소식이 나오지 않는다. KBS가 보도하는 것은 한국 내 정치적 농간이나 식품 가격뿐이다. 미국, 독일, 특히 일본은 날마다 KBS 뉴스를 통째로 본다. 우리는 그들을 모르지만 그들은 우리를 잘 안다.

우리나라 사람들은 돌려서 이야기하는 재주가 뛰어나다. 남들이 본심을 드러내면 그것을 이용할 속셈으로 자신의 속내는 드러내지 않고 말만 많이 한다. 모든 사람들이 그렇게 할 말을 속으로 꾹꾹 눌러 담고만 있으면 되는 일이 아무것도 없다. 이것은 퇴행과 불신과 나태를 낳는다. 미국인의 사고는 이와 정반대다. 미국인들은 시간을 허비하지 않고 자신이 원하는 것을 말하고 얻는다. 나는 우리 동포들을 대할 때마다 이런 문제에 부닥친다. 그 사람이 하는 말과 상관없이 본심을 알아내야 하기 때문이다. 역사적으로 보면 이런 태도 때문에 퇴보와 그릇된 사업 관행이 나타난다. 남북대화가 있을 때마다 말은 무성하지만 진정한 대화가 이루어진 적이 거의 없었다는 것도 놀라운 일이 아니다.

　우리는 근시안이다. 깊은 상처에 반창고를 붙이고 낫기를 바라는 습관이 몸에 배었지만 그러면 상처는 더욱 악화될 뿐이다. 장기적인 영향은 생각지 않고 그저 당장의 혼란과 혼돈을 막으려고 한반도의 분단을 당연한 것으로 받아들이는 태도도 이 때문이다. 이제 우리는 물리적으로뿐만 아니라 정신적으로도 분단되어 있다. 두 개의 한국은 두 개의 다른 민족이 된 것이다. 우리의 근시안은 대규모 건설 공사에서도 드러난다. 삼풍백화점과 성수대교가 무너져내렸다. 올림픽 경기장에서 열린, 밴드 열 팀이 참가한 대규모 록 콘서트에 참가한 적이 있다. 행사 주최측에서는 밴드들이 사운드를 체크할 시간을 두 시간 반밖에 주지 않았다. 막상 콘서트를 해보니 음질이 형편없었다. 제대로 하느냐가 아니라 그저 했다는 것이 중요하다는 태도, 그런 아마추어리즘은 미국에서는 찾아볼 수 없다.

　우리 민족은 걱정이 너무 많다. 지난날 외세에 종속당하고 전쟁과 기근을 겪은 탓도 있지만, 매사에 '지나치게 걱정하는' 천성 탓이기도 하다. 이런 불안감 때문에 필요 이상의 식량과 돈과 물질을 쌓아둔다. 만일 우리가 보통 미국인들처럼 매주 급료를 받아서 살아야 한다면 미쳐버릴 것이다. 저축을 더 많이 한다는 장점도 있지만, 불안에 떨며 무조건 많이 비축해놓고 보자는 경향은 돈을 주고 불법으로 거래하는 풍조를 부추겼다. 그로 인해 폭음, 폭식과 이상한 사치(마치 온돌방에 놓인 이탈리아제 소파처럼)와 출세주의가 생겨났다.

　자연히 다음 이야기로 넘어가게 되는데, 우리는 출세주의자이다. 16세기 후반 도요토미 히데요시가 이끄는 왜군이 침략했을 때 조선 인구의 절반 가량이 양반이었다. 들에서 일하고 다리를 건설

하고 전쟁에서 싸울 사람이 거의 없었다. 일본의 사무라이들은 조선 사람을 학살하고 수많은 조선인의 귀를 자루에 담아 천황에게 바쳤다. 더욱 화나는 것은, 일본에 귀를 묻은 커다란 무덤이 있다는 사실이다. 이 문제를 두고 한국계 일본인들은 요즘도 종종 항의한다. 현재 한국의 박사학위 추종자들도 양반 증후군에 빠져 있다. 어느 민족보다도 많은 한국계 학생들이 미국의 대학에서 박사 과정을 밟고 있다. 꼭 지성인이 아니라도 똑똑한 사람들이 많은 건 좋은 일이지만, 다시 한 번 묻게 된다. 과연 누가 밭을 일굴 것인가?

나는 그렇지 않지만 우리 집안은 박사 집안이었다. 거기서 나는 보았다. 학위를 따려면 엄청나게 비싼 학비는 말할 것도 없고 6년에서 10년이라는 오랜 세월이 필요하다. 여기, 이런 '양반들'이 문제인 것은 그들이 일상적인 삶의 무게를 겪지 못하고 이론에만 매달린 채, 가장 중요한 시기를 대학 캠퍼스에서 보내기 때문이다. 그들은 현실적이지 못하다. 그런데 보통 사람들이 어떻게 살아야 하는지 가르치고 정보를 제공하고 지도한다. 그들은 전문 분야의 기술관료일 뿐이다. 그런데 권력자에 대한 한국 사람들의 존경심을 악용하여 자신들의 직함을 과시하며 '유식한 양반' 행세를 하고 있다.

이건 위험하다. 한국의 어머니들이 극성스럽도록 교육열이 높은 덕분에 우리나라는 1평방미터당 박사학위 보유자가 다른 어떤 나라보다 많다. 머지않아 인구의 절반 가량이 게으르고 방탕한 '양반'들로 이루어진, 불행했던 조선시대로 퇴보할지도 모른다. 최근에 우리나라에서 공연을 할 때 가장 재미있었던 일은, 나의 박사 친척들이 하나같이 단호한 어조로 내 음악적 진로에 대해 충고했다는 것이다. 자기들이 로큰롤에 대해 뭘 안다고? 바로 그래서 위험하다.

우리의 출세욕은 명함에 씌어 있는 직함에서도 훤히 드러난다. 누구나 어딘가의 사장이다. 다방에서 '김 사장님' 전화 받으시라고 하면 일곱 사람이 일어선다는 우스갯소리가 있다. 입는 옷에 상표와 디자이너의 이름이 두드러지게 박혀 있는 데서도 그런 성향을 엿볼 수 있다. 난 캘빈 클라인이나 조르지오 아르마니의 걸어다니는 광고판이 아니다. 나는 상표가 겉에 박힌 옷은 절대 안 입지만, 우리나라 사람들은 대부분 그런 옷을 입어야 흡족해한다. 우리는 너무 허영에 들떠 있다.

우리나라는 반역자들이 이끌고 발전시켜왔다. 이성계는 명나라 군대를 공격하기로 했다가 갑자기 변심하여 군대를 돌렸고, 고려의 수도를 공격해 항복을 받아냈다. 우리 역사상 가장 오랜 기간을 통치했던 조선 왕조는 쿠데타로 시작되었다. 항일유격대 투사 김일성은 가장 오랜 세월 동안 공산주의에 역행하는 세습 군주국가를 세워 44년간 통치하다가 아들에게 권좌를 물려주었으며, 지금도 북한에서는 강력한 통치체제가 이어지고 있다. 그리고 박정희는 1961년 군사 반란을 일으켜 오랫동안 독재정치를 하다가 1979년 암살당했다. 그 뒤로도 군사통치가 계속되다가, 1992년 마침내 민간인인 김영삼이 대통령에 당선되어 청와대로 들어가면서 종지부를 찍게 되었다.

이런 사실들이 무엇을 말해주는가? 법을 어기는 독재자들에게 통치권을 맡겼다는 것? 범법자들을 떠받드는 우리 역시 범법자라는 것? 이런 것들 때문에 우리 사회는 어제나 오늘이나 그토록 부패한 '위법'이 만연한가? 그래서 오늘날 우리가 사회, 정치, 경제적 혼란이라는 난국에 처해 있는 것인가? "윗물이 맑아야 아랫물이 맑다"는 속담이 있다. 만일 통치자 자신이 범법자라면 국민들도 똑같이 법을 어길 것이다. 이 문제의 답은 우리 마음속에 있다.

아시아의 스위스를 꿈꾸며

분단은 우리의 가장 큰 비극이며 세계의 관점에서는 수수께끼로 남아 있는 문제이다. 두 개의 원자폭탄이 투하되고 태평양 전쟁이 막바지에 들어선 직후 소련은 홋카이도 북부를 점령하겠다고 했다. 이 요구를 맥아더 장군이 거부하면서 북한은 모스크바의 세력권에 '주어지게' 되었다. 북한은 '은자의 왕국' 시절을 떠올릴 만큼 가장 고립적인 공산주의 전제국가가 되었고, 남한은 돈이 최고로 중요한 극단적인 자본주의의 길을 걸었다. 우리는 두 개의 다른 민족이 된 것이다. 1990년 독일은 통일이 되었지만, 우리는 교류도 별로 없는 가운데 여전히 분단되어 있다.

한국인들은 내 문제를 가지고 남을 탓하곤 한다. 우리나라를 분단시킨 것은 러시아, 미국, 일본 또는 중국이지만 그것도 실은 우리가 자초한 일이다. 쇄국정책, 비현실적인 신분제도, 서구와 우호적인 교역 관계를 맺지 못한 것, 그리고 무엇보다도 뿌리깊은 지역주의다. 이 조그만 나라가 남북으로만이 아니라 동서로도 분열되어 있음을 보여주는 사례는 많다. 이렇게 극심한 지역주의의 예는 남러시아의 체첸공화국뿐이었다. 1994년, 그들은 중앙정부와 피비린내 나는 전쟁을 치르고 분리 독립했다.

내가 서울에서 직장 생활을 할 때는 정실인사가 비일비재했다. 부장이 새로 오면 부서가 그의 동창생들로 채워졌다. 이런 관행은 정계와 경제계에 뚜렷이 나타나며 연예계에서도 볼 수 있다. 이런 비생산적인 일에 정면으로 맞서야 한다. 우리나라는 너무나 작아서 단결한다 해도 일본의 절반밖에 안 되며, 일본 역시 결코 큰 나라가 아니다.

물론 지역주의의 근원은 최근의 광주 민주화운동에서 1894년의 동학혁명, 1948년 여순 반란사건, 그리고 삼국시대까지 거슬러 올라가는 오랜 뿌리를 갖고 있다. 하지만 우리는 미국의 사례를 받아들여야 한다. 미국은 다양한 인종과 다양한 종교집단이 공존하고 있다. 그러나 이것은 결코 저절로 이루어진 것이 아니라 많은 노력과 타협의 결과였다. 우리는 한민족 사이에서 벌어지는 이 부당한 차별을 뿌리뽑기 위해 부단히 노력해야 한다.

요즘 세계경제는 모든 나라들이 서로 관련을 맺고 기술교류를 하는 추세이지만 북한의 주체사상은 이에 완전히 역행하고 있다. 북한은 고립될수록 강경책을 쓸 것이며, 따라서 우리가 오래 기다릴수록 통일은 늦어지게 된다. 소련의 붕괴를 지켜본 어떤 이들은 가만히 앉아서 기다리면 북한도 무너질 거라고 내다본다. 하지만 내 생각은 다르다. 우리 민족의 강인함과 도도함을 생각하면 북한은 쉽게 붕괴하지도 않을 뿐더러 설사 붕괴한다고 해도 북한이 가만히 앉아서 받아들이지는 않을 것이다.

북한이 초지일관 남북교류의 전제 조건으로 내세우는 것은 미군 철수이다. 생각해보면 북한 땅에는 중국이나 러시아 군대가 없으므로 정당한 요구일 수 있다. 이 문제는 남한 쪽이 양보하는 것을 심각하게 고려해야 한다. 미군 철수가 단기적으로는 경제에 영향을 미치고 미국과의 교역과 외교에까지 타격을 줄 수도 있다. 하지만 어느 쪽이 더 중요한가? 통일인가, 일시적으로 미국과의 관계가 껄끄러워지는 것인가? "얻는 것이 있으면 잃는 것도 있다"는 속담도 있다. 필리핀 정부는 1992년 수빅 만 해군기지에서 미군을 철수시켰다. 미국은 필리핀에 경제원조를 하는 조건으로 1950년부터 기지를 차지하고 있었다(클라크 공군기지는 피나투보 화산 폭발 때문에 조금 일찍 철수했다). 그래서 필리핀은 막대한 달러 수입을 잃었지만 육지와 해안 지역에서 훨씬 많은 이익을 내며 경제가 차츰 회복되지 않았는가.

　스포츠 경기, 예술이나 음악 공연, 교육 교류 등 어떤 식으로든 지금 당장 대화와 교류를 시작해야 한다. 이를 통해 우리 가슴에는 다시 한 민족이 되고 싶다는 열망이 조금씩 싹트게 될 것이다. 21세기를 바라보는 지금, 한국 경제는 불안한 상황에 처해 있다. 우리에게는 주도적 위치에 있는 미국과 일본에 근접할 만큼 잘 조성된 연구개발 프로그램도 없고, 상대적인 고임금 때문에 신발 같은 노동 집약적인 생산품을 만들 수도 없다. 노동력에서는 중국이 완전한 우세를 점하고 있다. 이렇듯 우리는 갈림길에서 이러지도 저러지도 못하고 있다. 첨단기술 중심도, 소비재 생산기술 중심도 아닌 어정쩡한 위치인 것이다. 따라서 경제와 세계 무역 규모를 늘릴 수 있는 방법은 오로지 통일뿐이다. 통일을 하면 꼭 필요한 천연자원을 얻을 수 있고, 지구상에서 가장 넓은 개발도상국이자 시장인 중국과 러시아에 쉽게 근접할 수 있다. 앞으로 현대 자동차와 삼성 TV를 얼마나 쉽게, 또 많이 팔 수 있을지 상상해보라.

실제로 그렇든 단지 생각일 뿐이든, 한국인들은 통일을 반대하는 기운을 감지한다. 그와 마찬가지로 독일인들도 과거의 군국주의 때문에 강한 반대에 부딪혔다. 독일이 다시 하나가 되기 위해 치렀던 경험은 우리에게 좋은 교훈이 된다. 40년의 분단이 두 개의 분리된 국가를 만들어낸 것처럼 보이지만, 두 세대가 지났다고 해서 하나의 독일 민족이 문화적, 역사적, 인간적으로 공유했던 끈끈한 유대가 완전히 사라진 것은 아니었다. 독일의 분단은 외국 군대의 힘이 아닌 자신의 힘으로 히틀러 독재를 무너뜨리지 못한 대가였다. 이로 인해 그들은 쉽게 치유되지 않는 정신적 상처를 입고 오래도록 침묵 속에서 고통을 겪어야 했다.

독일의 통일은 저절로 된 것이 아니라 치열한 노력과 계획된 전략에 의해 이루어졌다. 1986년 이후 무역과 문화교류가 점증하면서 두 나라 사이에 방문이 시작되었다. 이듬해 300만 명 가량의 동독인이 독일연방공화국을 방문했고, 서독인 700만 명이 독일민주공화국을 방문했다. 이렇듯 분열된 두 나라 사이의 소원한 관계를 완화시키는 계기를 마련하다가 마침내 동독의 지도자인 에리히 호네커가 서독을 공식 방문하게 되었다(6년을 미룬 끝에 초청을 받아들였다). 미하일 고르바초프의 페레스트로이카와 함께 소련은 최후의 거점으로 붙들고 있던 동독을 놓아주었고, 1990년 3월 선거에서 독일 통일에 좀더 공감하는 정부가 권력을 잡았다. 그리하여 완전한 통일을 위한 무대가 마련된 것이다. 보기 싫은 베를린 장벽이 무너지고 1990년 10월 3일 독일은 하나가 되었다.

> 하늘이 내려주건 아니건 간에
> 인간이 스스로 힘들여 얻지 않아도
> 저절로 주어지는
> 그런 기적은 없다.
> ―아돌프 히틀러, 1934년

분단이 오래 지속되면서 우리는 미국, 중국, 일본 같은 강대국의 인질이 되기 쉬운 처지에 놓여 있다. 그들은 북한에 이런 말을 하고 다음 날 남한에는 전혀 다른 말을 할 수도 있다. 결국 우리는 그들의 장난감인 셈이다. 영변 핵시설 문제와 기아에 허덕이는 북한 동포 돕기 프로그램이 진척되다 말다 하는 데서도 그 점은 확연히 드러났다. 어찌 보면 이혼한 부모 밑에 있는 아이가 엄마한테 초콜릿을 받고도 아빠한테 가서 초콜릿을 못 먹었다며 하나 더 받는 것과 같다. 우리는 지금 교묘하게 조종당하고 있다. 그러니 어떤 일이 있더라도 통일을 이루어 아시아의 스위스가 되어야 한다. 충분히 가능한 일이다.

내가 본 미국

나는 미국에서 30년 가까이 살았다. 그러니 그동안 보고 듣고 느낀 것을 조금이나마 전해줄 수 있지 않을까 싶다. 미국은 이런 면도 있고 저런 면도 있으면서 동시에 그 모든 것을 갖고 있는 나라이므로 딱히 어떻게 설명해야 좋을지 모르겠다. 또 워낙 거대하고 다양해서 한마디로 말하기가 어렵다. 유럽이나 아시아 친구들한테서 가장 흔히 듣는 말은 "미국인들은 바보이고 문화도 없다"이다. 하지만 피상적인 얘기다. 어쩌면 이렇게 말하는 당사자가 바로 그런 사람인지도 모른다. 나는 미국의 역사가 아니라 아메리카니즘과 미국인의 독특한 생활양식을 얘기하려고 한다. 우리나라가 강대국 대열에 끼려고 애쓰는 상황에서 뭔가 힌트를 얻을 수 있지 않을까 싶다.

미국 대통령 선거 때마다 후보들은 미국을 '지상에서 가장 위대한 나라'라고 부른다. 최대의 적이었던 소련이 몰락한 지금 어쩌면 그 말은 사실이 아닐까? 물론 2차대전이 끝날 즈음부터 미국은 그렇게 자칭했다. 경제가 공황에서 벗어나고, '메이드 인 유에스에이'가 우수함을 보증하는 상표가 되고, 일자리가 풍부해지고 '베이비 붐 세대'라는 말이 생길 정도로 많은 아기들이 태어나던 시절이었다. 아메리카니즘, 혹은 적대자들의 말을 빌리자면 '미 제국주의'는 코카콜라와 로큰롤의 기치 아래 전세계로 퍼져나갔다.

그러나 1980년대 중반, 국채가 몇조 달러에 이르고 뉴욕에서 도쿄로 머니 파워가 이동하면서 상황이 변하기 시작하자 미국은 자신이 무적이 아님을 깨달았다. 하나하나 착실히 배워온 일본이 이제는 스승을 이길 준비가 된 것이다. 지금은 고인이 된 소니 회장 아키오 모리타는 1960년대엔 집집마다 돌아다니며 트랜지스터 라디오를 팔았지만, 이제 TV 공장 부지를 물색하러 다니고 1990년대에는 어떤 영화 제작사를 매입할지 고민하는 자리로 올라섰다. 소니의 성공이 일본의 경제력을 보여주는 사례라면, 미국은 스스로를 재조정하지 않을 수 없었다.

뉴욕에서 살다 보면 이 도시가, 특히 미드타운 지역과 이스트빌리지가 얼마나 도쿄화되었는지 보지 않을 수 없다. 어디에나 초밥집이 있고, 일본의 대형 서점인 기노쿠니야가 록펠러 센터를 마주보고 있다. 은밀한 게이샤 바들이 당당히 상층을 차지하고 있고, 화려한 일식 떡집까지 들어서 있다. 미국의 농촌 지역에는 가와사키 오토바이, 도요타 트럭과 소니 TV 공장이 들어서서 수십만 명의 노동자들이 일하고 있다. 한마디로 일본은 조용하지만 확고하게 미국 속으로 침투했다. 내 친구 중에는 순전히 품질과 디자인이 좋아서 일본 제품만 쓰는 이도 있다. 일본 제품을 애호하는 사람들이 늘어나는 것도 다 그런 이유 때문이다.

일본의 영향력을 경멸하는 정치가와 대중들은 '일본 때리기'라는 신조어를 썼다. 하지만 친숙함이 편안함을 낳듯이 미국인들은 이제 자연스럽게 일본 이름을 자기네 것으로 인식하고 있다. 1980년대에 캘리포니아에 살 때 동료 한 사람이 새로 구입한 트럭 이야기를 하는데 미쓰 어쩌고 하면서 상표명도 제대로 발음하지 못했다. 하지만 지금은 거의 모든 미국인이 미쓰비시, 도시바 혹은 가와사키를 맥도널드나 코카콜라만큼이나 자연스럽게 받아들인다. "소니가 아니면 엉터리다"라는 농담이 있을 정도이다. 이렇게 미국인들은 일본화되었다. 내가 몸담고 있는 사진업계에서도 한때는 막강했던 코닥 필름이 후지 필름의 기술 발전과 마케팅 전략에 맞서지 못하고 살아남기 위해 발버둥치는 형편이다.

이것은 물론 일본 회사들이 효율적인 생산방식과 파급효과를 최소화할 수 있는 심리적 전략을 도입하는 데 엄청난 노력을 기울인 결과이다. 세계주의자인 뉴요커들에게 일본의 영화와 패션, 예술은 캐비어처럼 귀하게 여겨진다. 일본이 대미 무역흑자를 늘리면서 미국인의 의식 속에 자신을 각인할 수 있었던 건 놀라운 일이다.

일본 회사들은 사시미, 사키와 더불어 워크맨, CD 플레이어, 베타맥스, VCR, 팩스, 이동전화를 소개하여 미국인의 생활양식을 엄청나게 바꾸어놓았다. 그 다음엔 뭐가 나올지 누가 알겠는가?

미국은 군사력 못지않게 여성운동으로도 전세계에 대단한 영향을 끼쳤다. '남성 우월주의'를 공격하는 분노에 찬 구호, '페미니즘'이라는 슬로건과 더불어 여성운동은 남성과 여성의 역할이라는 개념을 영원히 바꿔놓았다. 출산을 조절하는 피임약의 보급으로 여성들은 죄책감을 느끼지 않고 마음껏 섹스를 즐길 수 있게 되었다. 그들은 미스나 미세스 대신 미즈라는 호칭을 주장했고, 똑같은 일에 대해서 동등한 임금을 요구했다. 대학을 졸업한 여성의 수는 1960

년대 동안 146퍼센트나 증가했고(남성은 96퍼센트 증가했다), 전통적인 성 역할이 바뀌어 남자들이 부엌에 들어가게 되었다(나 자신과 많은 견실한 한국 남자들까지도).

여성들은 이제 소방수, 트럭 운전사로 일하고 군대에 가기도 한다. 미국에서는 '성희롱'이라는 단어를 곧잘 들을 수 있는데, 이것은 직장에서 남성이 말로든 몸짓으로든 성적인 암시를 하는 걸 불법으로 규정하는 것이다. 1996년 뉴욕에서는 그레이스 사 회장이 비서한테 성희롱으로 고소당하는 바람에 사임해야 했던 스캔들이 있었다. 그리고 1992년 10명의 여성 고용인들 때문에 위신이 땅에 떨어진 밥 팩우드 상원의원 사건은 아직도 기억에 생생하다. 빌 클린턴 대통령도 이런 낯 뜨거운 사건들에서 자유롭지 못했다.

하지만 이 모든 변화 속에 좋은 점이 있으면 나쁜 점도 있게 마련이다. 지난 30년 동안 이혼율이 30퍼센트에서 50퍼센트로 증가하는 바람에 놀랄 만큼 많은 어린이들이 편모 편부 슬하에서 자라고 있다. 이혼한 중년 남녀 중에는 외로움 때문에 생긴 질병으로 고생하는 사람이 늘고 있다. 내 친구 중 절반은 홀몸인데도 "뭐 하러 결혼해, 어차피 이혼할 텐데" 하면서 결혼할 생각을 하지 않는다. 그리고 개와 고양이를 벗삼는 사람들이 더 많아졌다. 나도 겪어봐서 그 심정을 잘 안다.

미국에서는 직장에서 게이나 레즈비언에 대한 차별을 금지하는 법률이 있을 만큼 동성애자의 수효가 늘어나고 있다. 젊은 여성들은 어느 때보다도 혼란스러워한다. 남성들이 이제 더 이상 여성들의 비위를 맞추는 행동을 하지 않기 때문이다. 여성을 위해 문을 열어준다거나 저녁을 산다거나(각자 내는 것이 보통이다) 하는 따위의 행동을 하지 않는 것이다. 직장에서 "옷이 멋진걸", "오늘 근사해

공산주의의 몰락이 꼭 자본주의의 성공을 의미하는 것은 아니다.

보이는데" 같은 칭찬은 잘 생각해보고 나서 해야 한다. 한 사람하고만 성실한 성관계를 맺는 일이 드물기 때문에 뉴욕에서 관계의 지속 기간은 평균 360일이다. 내 친구 케리도 말했듯이 다들 "나이가 들어가니 결혼은 해야 하는데 누구랑 하지?" 고민이다. 케리는 성적인 상대뿐 아니라 친구도 많은 여자인데도 그렇다. 선택의 여지가 너무 많아서 혼란스러운 것이다. 백인 여성의 출산율은 감소하는 데 반해 다른 인종, 특히 아시아와 라틴계 여성의 출산율은 증가 추세이다. 안마, 개 산책, 손톱 미용실, 경호 서비스와 토플리스 바 같은 독신자들을 위한 서비스 산업이 호황을 누리고 있다.

결혼한 여성이라고 편한 것은 아니다. 그들은 자신의 직업과 아이들과 남편 사이에서 곡예를 해야 한다. NASA에서 컴퓨터 프로그래머로 일하는 우리 고모는 고된 직장 일을 마치고 두 아들을 돌보고 나면 청소할 시간도, 기운도 없어서 그냥 잠자리에 든다고 한다. 직장에 다니는 남편이 알아서 요리해주지 않으면 식구들은 굶을 것이란다. 내가 찾아갈 때마다 고모는 "네가 왔구나, 하느님 고맙습니다. 이제 청소 좀 할 수 있겠다" 하고 반가워한다. 여성성의 상실로 여겨지기도 하지만, 어쨌든 여성운동 덕분에 여성들은 힘 있는 위치에 서게 된 반면 남성은 힘을 잃었다. 남성들은 결혼 생활을 유지하거나 이혼법이 절대적으로 여성의 편에 서 있는 상황에서 이혼을 감내해야 하는 수동적인 위치에 서게 되었고, 그에 따라 '사냥꾼과 전사'라는 전통적인 남성상이 사라졌다.

누가 옳고 그르든, 빠르게 변화하는 이 디지털 시대에 남성과 여성이 공통의 기반을 찾지 못하면 생활이 불가능하다. 현대적 가치 때문에 야기되는 복잡한 문제나 조건 없는 자연스러운 사랑을 남녀가 함께 나누고, 협동하는 사회가 가장 행복한 사회일 것이다.

미국은 산업이나 군사력, 인권문제들을 가지고 세계에 군림하면서 성공한 나라로 인식되어왔다. 그러나 미국은 삶의 가장 중요한 면, 곧 남녀관계에서는 분명 실패했다. 부모의 이혼 때문에 아이들이 따뜻한 보살핌과 사랑을 받지 못하고 혼자 자라나야 한다는 것은 잔인한 일이다. 그리고 젊은이들이 정서적인 삶을 계발하고 꽃피 워야 할 인생의 중요한 시기에 개와 고양이를 키우며 혼자 살아야 한다는 것도 잔인하다.

최근 《뉴욕 타임스》 여론조사를 보면 자신을 페미니스트라고 생각하거나 30년간의 여성운동 덕분에 생활이 나아졌다고 생각하는 여성들이 점점 줄어들고 있다. 우리 한국인들도 이런 예를 통해 교훈을 얻고 '성의 조화'가 아닌 '성의 전투'를 치르지 않기 위해 우리가 어디로 나아가야 할지 곰곰이 생각해봐야 한다.

1960년대 중반, 젊은이들이 기분 전환으로 마약을 사용한 이래 마리화나와 코카인은 미국 대중문화의 일부가 되었다. 놀라운 사실은 아주 많은 이들이 열네 살이라는 어린 나이에 마약을 시작한다는 점이다. 정부는 '마약과의 전쟁'을 벌였으나, 상습 구매자들이 아니라 컬럼비아와 멕시코의 공급 루트에 초점을 맞춘 탓에 결과가 좋기만 한 건 아니었다. 중독은 이미 주류 시민사회에 침투했으며, 아주 늦은 것은 아니지만 쉽게 수습 가능한 시기는 놓쳤다고 볼 수 있다. 경기관총도 자유롭게 사고 팔 수 있는 개방적이고 자유로운 사회에서, 그것은 질 게 뻔한 전쟁이다.

빈민가의 청소년들뿐만 아니라 상류사회 사람들도 마약을 복용한다. 상류사회에서는 호화로운 저녁식사를 더욱 만족스럽게 하기 위해 코카인을 흡입한다. 한때 히피였던 이들은 이제 경제계의 정상에 군림하며 지배층이 되었기 때문에 마약에 대한 사회적 태도도 관대해졌다. 당사자에게만 피해를 주지 총처럼 남을 다치게 하지는 않는다는 게 그들의 주장이다. 캘리포니아 주에서는 암 환자나 에이즈 환자의 통증을 경감시키는 등 의료 목적으로 마리화나를 사용할 수 있는 법률이 통과되었다. 그리고 마리화나를 완전히 합법화하는 문제를 둘러싸고 논란이 가열되고 있다. 찬성하는 측은 중독자들은 어차피 끊지 못하니 아예 마리화나를 합법화하면 담배처럼 세금을 거둘 수도 있고 법이 사라졌으니 마약 범죄도 사라질 거라고 생각한다. 반대하는 측은 마리화나를 합법화하면 중독자가 더 많이 생기고 사회가 혼란스러워진다는 입장이다.

이 문제를 둘러싸고 어떤 논란이 오가든, 마약 사용자들은 대개 중년에 이르면 일정 수준에서 안정된다. 시커멓게 변한 폐, 기억상실, 심장병, 건강 악화와 같은 마약의 부작용을 자각하면서 많은 사람들이 마약을 중지하는 것이다. 문제는 10대들이 마약에 중독되고 있다는 점이다. 한 번이라도 마리화나를 피워본 학생의 비율이 8학년(중 2)에서는 20%였던 것이, 12학년(고 3)에는 50%로 증가한다. 맑은 머리로 한참 공부해야 할 나이의 젊은이들이 뇌세포에 악영향을 미치는 THC(마리화나에 들어 있는 뇌에 해로운 화학물질) 때문에 나이가 들면서 고통을 겪게 될 것이다. 미국의 앞날을 짊어질 세대가 위기에 빠져 있다.

한국인들의 생각과는 달리 미국은 엄격한 청교도 사회이다. 유럽에 비하면 특히 그렇다. 유럽의 해변에서는 토플리스 차림이 보통이지만, 미국에서는 토플리스가 허용되는 해변이 거의 없다. 언젠가 한번은 체코슬로바키아 아가씨 둘과 롱아일랜드 해변에 간 적이 있다. 그들이 자연스럽게 앞가슴을 드러내는 것을 보고 깜짝 놀라 말도 나오지 않았다. 결국 나는 음란행위죄로 경찰에 불려가

벌금 100달러를 물었다. 1969년 '오! 캘커타'라는 브로드웨이 쇼 초연 때에야 비로소 미국 관중들은 공개적으로 정면 누드를 볼 수 있었다. 물론 떠들썩한 소동과 충격이 뒤따랐지만.

포르노는 언제나 인간 정신의 일부였다. 그것이 상업화되면서 광범위하게 보급되었다. 사드 후작이 부러워서 무덤에서 벌떡 일어날 만한 비디오들이 등장하고 나서야 성도착증도 제대로 인식되었다. 포르노는 만족을 얻도록 도와주는 반면 실제 행위의 만족감을 빼앗기도 한다. 비디오에 나오는 배우들만큼 매력적이고 거리낌없이 관계를 하는 파트너는 없기 때문이다. 포르노 사업이 이렇게 번창한 이유 가운데 하나는 성병, 대개는 에이즈에 대한 공포가 한몫했다. 매달 에이즈로 3천 명이 사망하고 뉴욕과 샌프란시스코(현대의 소돔과 고모라로 종종 불린다)가 그 재앙의 중심지로 떠오르면서 성적 접촉은 위험하기 짝이 없는 일이 되었다.

나는 동료 사진작가들이 서서히 쇠약해져서 고통스럽게 죽어가는 모습을 지켜보아야 했다. 한 친구는 넉 달 사이에 뼈만 앙상하게 남았고, 몸이 제 기능을 발휘하지 못했다. 그것은 마치 사과가 즙이 쭉 빨려나가면서 말라 비틀어지는 것처럼 더없이 무섭고 고통스러운 종말이었다. 이 끔찍한 공포 때문에 갑자기 토플리스 바가 부활하기도 했다. 그것이 직접 접촉하지 않는 안전한 섹스를 의미하기 때문이다. 안타깝지만 이것이 미국 사회의 현실이다. 예전에는 예쁜 아가씨가 술집에서 윙크를 하면 사내들이 우르르 달려갔지만 지금은 도망치느라 바쁘다.

나는 미국에 살지만 미국식 자본주의가 훌륭하다고 생각하진 않는다. 미국에서는 지나친 경쟁으로 수많은 희생자들을 내고도 별 것 아니라고 제쳐두는 일이 다반사이다. 개인적으로도 나는 친구들이 몇 달 동안 실직해 있다가 아파트에서 쫓겨나 낯선 이의 소파에 얹혀 살거나 완전히 부랑자가 되는 경우를 보았다. 보호시설에 사는 할머니가 쓰레기를 뒤져 모은 맥주병을 5센트에 파는 모습도 목격한다. 날마다 신문에 성공담이 대서특필되는 빌 게이츠 같은 사람이 한 사람 있다면, 인간의 존엄성을 박탈당한 채 타락해가는 얼굴 없는 부랑인이 200만 명 있다.

이것은 단지 체제의 문제가 아니다. 스웨덴이나 노르웨이 같은 사회민주주의 사회를 살펴보면서 정의롭고 생산적인 체제를 만들기 위해 어떤 노력을 기울일 수 있을지 연구하는 것도 가치 있는 일일 게다. 개인적으로 나는 증권 투기자와 탐욕스런 사업가, 아니 장사꾼들이 운영하는 현재의 자본주의 체제에는 그다지 믿음이 가지 않는다. 대체 언제부터 장사꾼이 인간 사회에서 귀족계급으로 군림하게 되었는지.

한국만 경제적 혼란을 겪는 건 절대 아니다. 내 눈엔 장래에 미국이 똑같은 대재난에 시달리는 모습이 보인다. 불공정한 체제는 성공할 수 없다. 처음 모스크바를 여행할 때 나는 이렇게 되뇌었다. "공산주의의 몰락이 꼭 자본주의의 성공을 의미하는 것은 아니다."

공짜주의

내가 생각하는 '프리이즘 (freeism)'은 자유가 아니고 뭔가를 공짜로 얻는다는 걸 말한다. 하지만 아무것도 희생하지 않고 뭔가를 얻는다면 궁극적으로는 이것이 사람을 자유롭게 해줄 것이다. 인류 역사상 숱한 책들이 씌어졌지만 사람의 생각을 근본적으로 바꿔놓는 데 조금이라도 기여한 책은 몇 권 안 된다. 읽자마자 내 마음에 들어온 책은 성 아우구스티누스의 《신국》, 토마스 모어의 《유토피아》, 마르틴 루터의 《95개조》, 카를 마르크스의 《공산당 선언》과 최근의 샐먼 루시디의 《악마의 시》이다. 물론 《성경》과 《코란》도. 아돌프 히틀러의 《나의 투쟁》도 빼놓을 수 없다. 이 책 역시 언제나 베스트셀러였고 지금도 찾는 이가 많아서 계속 재판을 찍고 있다. 이 책들은 보통 사람들한테 선악이 무엇인지 거듭 생각하고 따져보게 만들었고 그들의 생각을 근본적으로 바꿔놓았다.

그런대로 우리가 알고 있고 기록이 남아 있는 인류 역사 2000년 동안에 인류의 숭고한 대의에 모든 걸 바친 위인은 200명을 넘지 않는다. 그 나머지 우리 같은 사람들은 군중이다. 돈 버느라, 애들 일류 대학에 보내려고, 최신형 BMW를 사려고 기를 쓰느라, 식욕과 성욕을 충족하느라 정신없이 바쁜 군중. 우리들 대부분의 인생은 아무것도 아니고 그냥 사는 거다. 그럭저럭 잘 살았고 시련도 견뎌냈다는 것, 그것이 우리가 말할 수 있는 전부다. 나는 공짜주의를 통해서 속세의 인간사에 영향을 주고 새로운 지평에 눈을 뜨게 되기를 바란다. 살바도르 달리가 세상을 향해 "난 천재야" 하고 말했듯, 내 공짜주의도 그런 식으로 이해되길 바란다.

나는 자본주의 세계의 제왕인 뉴욕의 월 스트리트에서 공산주의 세계의 제왕인 모스크바(무너지는 중이었지만)까지, 세상을 보았다. 의문스러웠다. 어떻게 한 이념이 국민 전부를 속일 수 있을까? 그러나 양 체제의 끝은 같았다─국민을 노예로 만드는 것. 자본주의는 돈으로, 돈을 통제해서, 공산주의는 온 국민이 프롤레타리아 계급의 일원으로서 평등하다는 말로 가장한 독재권력으로 국민을 노예로 만들었다. 최상층 3%가 터무니없는 사치의 똥 속을 헤엄치고 있는 동안. 이건 잘못이고, 두 체제 모두 잘못이다!

이제 공산주의는 무너졌고 전세계는 급속도로 '초록 신(달러)'을 숭배하는 쪽으로 나아가고 있다. 나는 자본주의(화폐주의)에 대해서만 말하겠다. 내 눈에는 이 사회 뒤편에 버려진 수많은 사람들이 보인다. 갈 데도 없고 이루고자 하는 목표도 없는. 돈이 없다는 이유 때문에. 돈은 거의 인간이 사는 데 꼭 필요한 '물'의 지위를 넘보고 있다. 또 한편에는 어리석은 인간들이 너무나 많다. 건전한 삶을 영위하는 일상을 너무 모르고 게을러빠진 사람들. 그게 다 돈이 너무 많아서 그렇다.

지금 우리가 간단하게 그려본 사회는 돈이 존경받는 사회이다. 그리고 이런 사회는 정말 잘못된 것이다! 40년 전만 해도 어머니들은 딸들을 결혼시킬 준비를 하고 사윗감을 고를 때, "김군은 아주 잘생겼고 건장해. 예의도 바르고 친절한 사람이고. 좋은 남편이 될 거다" 하고 말하는 게 보통이었다. 하지만 이제는 이런 자질은 다 버리고 '화폐'가 그 자리를 차지했다. 모든 어머니가 사윗감이 벤츠를 모는지, 아니면 모모한 회사 사장인지를 살펴보게 되었다. 그러면 그 남자는 좋은 남편감인 것이다. 그 남자가 알코올 중독인지 폭력을 휘두르는지는 문제가 안 된다. 돈만 많으면. 돈이 가장 중요한 기준이다. 요즘 세상에는 돈만 있으면 얻지 못할 여자가 없다. 물론 물질적 부는 어느 시대에나 여자를 홀리는 데 최고의 매력이었다. 그렇지만 지난 40년만큼 이 법칙이 절대적이었던 때는 없었다. 이건 잘못된 거고, 내겐 다른 이론이 있다.

우리 몸이 '인간의 존엄'이라면 옷은 '돈'이다. 이 시대에는 어떤 성격상의 결함도 이 옷으로 가릴 수가 있다. 다른 사람 눈엔 보이지 않지만 진짜를 숨기고 변장한 것이다. 내 말은 그 옷을 벗어던지고 자기 환경이나 자기 자신을 있는 그대로 드러내자는 것이다. 인간 사회가 다다를 수 있는 최고의 목표는 사람들간의 '선'이며, 말할 것도 없이 '사랑'과 '평화'이다. 하지만 '돈'이라는 속임수가 우리 영혼을 뒤덮고 있는 한 우리는 절대로 더 높은 목적을 이룰 수가 없다. 돈이란 건 쓰이는 곳마다 '악'을 가져온다. 이 돈에서 모든 질투와 미움이 시작된다. 돈이 왜 필요하지? 먹고 잠잘 곳이 필요해서? 왜 돈이 필요하지? 차를 사고 자식들을 대학에 보내느라고? 돈은 필요 없어!! 먹는 데나 잠자는 데나 결혼하는 데나 애들을 가르치는 데에도 돈은 필요가 없다. 모든 게 공짜니까!!!

우리가 이 세상에 나왔을 때 우리 부모님이 신한테 돈을 냈나? 의사한테는 냈을지 모르지. 씨앗이 땅에 뿌려지고 빗물과 햇빛 덕분에 옥수수가 자랄 때, 우리가 땅과 하늘에 돈을 냈나? 우리 손으로 집을 짓는데 우리가 손한테 돈을 내나? 기둥을 세운다고 나무를 자르면 그 나무한테 돈을 내나? 우리가 식욕을 채우느라 잡아먹는 양들한테 돈을 내나? 답은 모두 '아니다'이다. 아니다, 아니다! 우리가 공짜로 얻는 이 모든 것들에 돈을 낸다는 생각은 황당하다. 우리의 노동과 우리의 예술 활동은 공짜다. 그건 신이, 알라, 부처, 하느님이 우리에게 내린 것이다. 나는 아무한테도 돈을 내지 않고 노래를 짓고, 재능을 타고났다고 누구한테 돈 낸 적도 없다. 왜 내가 내 노래를 듣는 사람들한테 돈을 받아야만 하지? 기술자, 의사, 작가, 요리사, 운전사, 이 사람들도 다 재능을 공짜로 받았다. 물론 선생의 지도를 받았지만, 그 선생 역시 자기 재능을 돈 주고 산 게 아니다.

처음으로 돌아가보자. 자기가 환경을 선택해서 태어난 사람은 아무도 없지 않나? 돈이 전부인 세상에서는 돈 없으면 아무것도 얻을 수가 없다. 내 대답은 그럴 필요가 없다는 것이다. 마음만 바꾸면 모든 걸 바꿀 수가 있다. 시야를 넓혀서 더 크게 보자. 그런 세상은 신이 아니라 우리 인간이 스스로 만들어낸 '시스템'이니까, 우리는 그런 걸 만들지 않을 수도 있다.

돈이 좌우하는 시스템이 만들어진 것은 최상층 3%가 대중을 손쉽게 좌지우지하고 전국민 위에 손쉽게 군림하기 위해서이다. 복잡하고 빠져나갈 수도 없는 대출체계의 그물은 윗자리에 있는 권력자들이라면 저지할 수가 있다. 그 사람들은 힘들이지 않고 돈의 유통을 통제할 수 있으니까. 딱 한마디만 하면 될 때도 있고. '전세계 돈 대통령'인 앨런 그린스펀 같은 사람이 증거이다. 그 사람이 기침을 하면 월 스트리트는 감기에 걸린다. 그리고 월 스트리트가 감기에 걸리면 전세계는, 우리나라도 포함해서 꽁꽁 얼어붙는다.

블루밍데일이란 사람이 '다이너스 클럽'(회원제 신용카드 조직)을 만듦으로써 신용카드라는 개념을 발명했는데, 그게 제대로 굴러갈 거라고 생각한 사람은 없었다. 그가 이자를 20%씩 사람들에게 부담시켰기 때문이다. 하지만 그는 잘 될 것을 알았다. 이자야 아무리 세도 상관이 없다. 왜냐, 돈이 궁한 사람은 지천에 있으니까. 사람들은 돈 없이는 하루도 못 사니까. 이렇게 해서 신용카드라는 게 쓰이기 시작했다.

사람한테 빌리는 식이 아니니까 돈 빌리는 게 더 쉬워졌다. 부자한테 가서 쩔쩔맬 필요 없이 카드만 상대하면 되니까. 카드를 쓸수록 빚의 수렁에 깊숙이 빠지게 돼 있다. 그만큼 최상층 3%의 손에 수많은 사람들이 좌지우지된다는 얘기다. 그리고 그 작은 카드에 그들이 요구하는 모든 정보, 우리가 어떤 사람인지가 담겼다. 어떤 음식을 좋아하고, 어떤 디자이너를 좋아하며, 기혼인지 독신인지, 어느 민족 출신이고, 돈은 얼마나 버는지. 사람들은 막다른 골목에 몰리고 그들의 시야를 벗어날 수가 없다.

이것이 우리 사람이 만들어낸 시스템이다. 우리는 힘 있는 상층부 사람들 앞에서 한낱 강아지 새끼들에 불과해졌다. 그 상층부에는 주로 유태인 후손이 많다. 앨런 그린스펀, 블루밍데일, 코언 국방장관, 매덜라인 올브라이트 국무장관, IMF 협정 아래서 한국 경제를 관리하는 메릴 린치와 골드먼 삭스까지.

돈을 깡그리 없애버리면? 어떻게 되는 거지? 완전한 무질서와 혼돈? 혼란? 피해망상? 그래, 처음에는 그렇겠지. 어떤 시스템이

든 처음에는 불안정과 동요를 낳을 것이다. 하지만 오래 두고 보면 좋아질 건가? 우리가 물어야 할 것은 바로 그거다. 새로운 질서는 처음에 어느 정도 혼돈과 무질서를 피할 수 없는데, 인류의 '선의' 만이 그 질서가 완벽해지도록 통제할 수 있다.

돈이 없어진다면, 최상층 3%는 극심한 공포에 빠질 테지. 다른 사람을 통제할 수단이 하나도 없으니까. 돈이 없으면 그들은 아무 힘도 없다. 돈이 더 이상 아무 가치도 없게 되면, 어떤 게 사람을 평가하는 가장 중요한 잣대가 될까? 바로 인품이다! 영감이다! 독창성이다! 삶의 열정이다! 마음의 평화다! 모든 사람을 향한 선의다! 왜냐하면 다른 사람한테 가장 영향을 많이 끼치는 사람이 가장 부자가 될 것이니까. 영향을 많이 준다는 건 좋은 성격에 교양 있고 존경받는 인물이 아니면 안 되니까.

이렇게 인생에서 중요한 것들은 공짜이고, 우리는 신과 하느님한테 받은 걸 빼면 부족함이 없이 태어났다. 돈을 냈다고 이 땅의 일부를 소유한다는 게 얼마나 황당한 얘긴가? 말이 안 되는 일이다. 캘빈 클라인이 2마일 길이의 이스트 햄프턴 바닷가를 소유한다는 게 있을 수 있나? 돈을 냈다고 해서? 말론 브란도가 태평양 연안의 섬 하나를 소유할 수가 있나? 돈 주고 샀다고? 이게 일리가 있는 얘긴가? 자연의 것을 다른 사람한테 팔 권리가 누구한테 있나? 지구가 애초에 누구 거였나? 부동산 중개업자 것이 아니고 우리 모두의 것이다. 우리는 자연을 아름답게 만들고 자연과 공존하며 그 아름다움을 깊이 사랑하고 그 풍요로움을 후손한테 물려줘야 할 사람들이다. 지구는 부자의 소유물이 아니고 우리 모두의 것이다. 그리고 많은 사람들이 우리에 갇힌 동물처럼 살고 있는데— 도쿄나 뉴욕 근교에 사는 이들은 교도소 독방만한 방에서 한 달에

1천 달러씩 내고 산다—이건 말이 안 된다. 사람답게 살 수 있는 공간이 이 지구상에는 충분히 있다.

  '공짜주의'에 대한 내 생각을 생활신조로 완성하기 전에 좋은 독자들과 의견을 나눠보고 싶었다. 이 병들고 악으로 찬, 노골적으로 '돈'으로 움직이는 현재의 사회를 더 인간적이고 자연스런 사회로 점차 바꿔가자는 생각을 사람들이 받아들이게 하려면 정확한 단계를 밟아야 할 테니까. 1854년 헨리 데이비드 소로가 《월든》에서 말했듯이.

> 지구는 죽은 역사의 한 조각이 아니다
> 지질학자나 고고학자들이 연구하듯이
> 한 겹 한 겹 책장을 넘기듯……
> 아니다, 그건 나무 잎사귀들처럼 살아 있는 시(詩)
> 다음엔 꽃이 피고 열매가 여는
> 화석 지구가 아니고, 살아 있는 지구……

에필로그

뉴욕에 사는 분들은 옥사나와 명신과 함께 길을 가는 나를 볼는지도 모르겠다. 우리 셋은 수다를 떨며 거리를 걷거나, 좋아하는 한국 식당에서 웃고 농담을 주고받는다. 나는 무슨 관습이니 전통이니 하는 것들이 단순히 오랫동안 그렇게 해왔다는 이유로 없어지지 않고 유지된다는 게 믿기지 않는다. 나도 늘상 우리의 전통이 뭔지 묻고 이게 왜 좋은 건지 생각한다. 나쁜 전통도 있고 좋은 전통도 있다. 나쁜 건 던져버려야 한다. 갈릴레오가 권위와 전통적 사고에 의문을 던지지 않았다면 우리는 지금껏 지구가 납작하다고 생각했겠지. 우리는 쓰라린 과거는 접어버리고 마음의 평화를 찾았다. 우리 셋한테 공통의 관심사는 각자 자기 인생에 열중하고 평화를 지키는 것이다. 지난날의 아픔을 달래면서. 진정한 사랑이란 인생에 한두 번밖에 경험할 수 없다. 우리가 이 세상에 머무는 건 아주 짧은 동안이니까. 질투나 악의로 허비할 시간이 없다.

소크라테스는 "너 자신을 알라"고 말한다.

부처님은 "알려고 할수록 자신을 발견할 수 없게 된다"고 말한다.

나는 말한다. "Your mood is your ultimate truth(네 기분이 너의 궁극적인 진리이다)."

연보

1948 3월 12일 부산에서 한창석과 박정자의 외아들로 출생.
1955 부산 남일초등학교 입학.
1958 뉴욕 할렘의 P. S. 125 초등학교로 전학.
1962 부산 경남중학교 입학.
1964 부산 경남고등학교 입학. 미국으로 이주.
1965 뉴욕 롱아일랜드의 앨프레드 G. 버너 고등학교로 전학.
1966 뉴햄프셔 대학에서 수의학 전공.
1967 뉴욕 사진학교로 옮겨 사진 공부를 시작.
1968 한국으로 돌아와 포크 싱어송라이터로 데뷔.
1969 이화여자대학교, 서울대학교, 서강대학교, 부산대학교, 남산 드라마센터에서 공연.
1970 한국 디자인포장센터에서 디자이너로 근무.
    대한민국 국전 사진 부문에 입상.
1971 단국대 석주선 교수의 책《한국 복식사》의 사진과 편집을 맡음.
1971~74 해군에서 복무.
1974 《코리아 헤럴드》에서 신문기자 겸 사진작가로 근무.
    제1회 한국가요제 '베스트 10' 수상
    김명신과 결혼. 첫 음반《멀고 먼 길》(신세계레코드) 발표.
1975 두 번째 음반《고무신》(포시즌레코드)을 발표했으나 '체제 전복적 음악'으로 낙인찍혀 압수당함.
1977 미국으로 이주.
    뉴욕의 '컬러 휠', '크로마 카피'에서 사진작가로 활동.
    록 밴드 '칭기즈칸'을 결성하여 클럽 '트루드 헬러스', CBGB 등에서 공연.
1985 로스앤젤레스로 이주. '컬러 하우스', '버뱅크 스튜디오'에서 사진작가로 일함.

1988 뉴욕으로 이주.
1989 김명신과 이혼.《무한대》(신세계레코드) 발표.
1990 《기억상실》(뮤직디자인) 발표.
1991 뉴욕의 '너새니얼 리버만 스튜디오'에서 일함.
      《천사들의 담화》(삼화레코드) 발표.
1992 옥사나 알페로바(모스크바 출생)와 재혼.
      사진집《맨해튼 빛의 광장Manhattan Lightscape》출간.
1993 '스피드 그래픽스'에서 관리자로 근무.
1996 시〈종교는 없다No Religion〉로 워싱턴의 국제시인협회가 주는 편집인상을 수상하고 협회 상임위원이 됨.
1997 '크로스비트 아시아'의 후원으로 일본의 록 스타 카르멘 마키와 함께 후쿠오카에서 공연.
      서울 올림픽 경기장에서 유니텔 록 콘서트 '코리아니즘' 공연.
      시집《대지의 새벽Daybreak on the Land》, 사진·시집《인간의 구멍들Human Openings》(black book) 출간.
1998 자서전《한대수, 물 좀 주소 목 마르요》(가서원) 출간.
1999 양희은 콘서트 '아주 특별한 만남'(5월 5~9일, 영산아트홀)에서 고정 게스트로 함께 공연.
      뉴욕에서 초연된 '김영순 댄스 컴퍼니'의 현대무용 공연 '망명Exile'에서 음악을 맡음.
      《1975 고무신~1997 후쿠오카》(도레미레코드),《이성의 시대, 반역의 시대》(감미 레코드) 발표.
      사진·시집《인간의 구멍들Human Openings》(blue book) 출간.
2000 SBS 포크 페스티벌(5월 27~28일, 올림픽공원)에서 공연.
      《기억상실/천사들의 담화》(도레미레코드) 재발매.
      《마스터피스》(신세계레코드) 발표.

경계를 넘는 음악시인 한대수

1977년 9월 후쿠오카에서 한국의 전설적인 가수 한대수와 일본 록의 여왕 카르멘 마키가 공연했다. 실로 감개무량한 일이다. 이것은 양대 아티스트의 단순한 공연이라기보다 지금까지 서로의 존재도 모른 채 역사를 만들어 온 한일 포크 록 최초의 만남으로 기억될 의미 깊은 '장'이기 때문이다. 한대수. 일본인에게는 전혀 익숙지 않은 이름. 하지만 한국의 기타 입문자라면 반드시 그 곡을 기타로 치고, 혹은 한국의 포크 가수라면 반드시 그 노래를 레퍼토리로 갖고 있는, 한국 포크 록의 위대한 개척자가 바로 한대수이다.

그 옛날 일본에 뉴 뮤직이 꽃피던 시절, 한국에도 포크 운동이 일기 시작했다. 1970년대 전반 청바지, 포크 기타, 생맥주를 앞세운 장발의 한국 젊은이들이 기타를 치면서 점차 트로트도, 가요곡도 아닌 새로운 노래를 부르기 시작했다. 그 중에서도, 어릴 적부터 한국과 미국을 오가며 문화적 혼혈아로서 성장한 청년 한대수가 부른, 경계를 뛰어넘는 자유정신을 구가한 노래가 젊은이들에게 미친 충격은 컸다.

돌이켜보면, 당시 미국 반문화의 영향을 받았다는 점에서 일본과 한국은 공통점이 있다. 하지만 일본과 달리 한국의 젊은이들

앞에는 고난의 길이 기다리고 있었다. 거리를 걷다가 경관에게 머리를 잘릴 수도 있었다. 군인 출신 대통령의 계엄령 선포로 질식할 듯한 공기가 가득했다. 미국의 영향을 받은 젊은이들의 노래는 혼란의 주범으로 몰려 금지 처분되었다. 적어도 삼엄한 검열을 거쳐야 했다. 게다가 대마초 일제 단속으로 많은 가수들이 체포되었다. 1970년대 한국 포크의 주역들은 반체제운동에 몸을 던지거나, 언더그라운드라고 불리는 소극장에서 라이브 활동을 하며 자신의 음악세계를 지키고 노래를 계속하거나, 노래를 버리거나, 한국을 떠났다. 그들의 노래가 한국 바깥까지 울려 퍼질 회로도 가질 수 없었고, 일본의 뉴 뮤직 같은 확고한 음악 공간을 창출하고 비즈니스까지 한다는 것은 더더욱 상상할 수 없었다.

〈물 좀 주소〉로 사랑과 자유를 향한 갈망을 노래하고, 〈행복의 나라〉로 많은 젊은이들이 희망을 향해 여행하게 한 한대수가 한국을 떠난 것은 1977년의 일이다. 그는 노래를 계속하기 위해 나그네가 되기를 선택했다. 바람에 실려 살아가는 것이 아니라 바람 그대로 지금까지 살아왔다. 안주할 땅을 갖지 못한 정신적 유배자로서 자유롭고 고독한 나그네의 혼이 뿜어내는 아름답고 끊이지 않는 노래를 계속 불러왔다. 그리고 이제 한 번도 만난 적이 없는, 같은 혼을 가진 일본의 아티스트를 함께 만났다. 바람의 나그네들이 후쿠오카에서 모인 9월은 그래서 더욱 아름다운 '사건'이 되었다.

'크로스비트 아시아' 와 더불어, 강신자

강신자는 1961년 요코하마 생으로, 도쿄대 법학부를 졸업했다. 현재 프리랜서 문화비평가로 활동하고 있다. 한일 문화교류를 통해 새로운 문화와 문화 네트워크 창조를 지향하는 '크로스비트 아시아'의 협력자로서 한대수의 일본 공연을 도왔다.

나의 삶, 사랑, 음악 이야기

ⓒ 한대수, 2005

첫판 1쇄 펴낸날 · 2000년 7월 18일
개정판 1쇄 펴낸날 · 2005년 9월 5일

지은이 · 한대수
펴낸이 · 박성규
펴낸곳 · 도서출판 아침이슬

등록 · 1999년 1월 9일(제10-1699호)
주소 · 서울시 마포구 합정동 364-70(121-884)
전화 · 02)332-6106
팩스 · 02)322-1740

ISBN · 89-88996-52-6 (03810)

· 책값은 뒤표지에 있습니다.